Felicia Ullrich

W0194406

Der clevere Formel-Trainer

Bestell-Nr. 973

U-Form-Verlag Hermann Ullrich (GmbH & Co) KG

Titelbild:

© julien tromeur – Fotolia.com

© U-Form-Verlag Hermann Ullrich (GmbH & Co) KG
Cronenberger Straße 58 · 42651 Solingen
Telefon: 0212 22207-0 · Telefax: 0212 208963
Internet: www.u-form.de · E-Mail: uform@u-form.de

8. Auflage 2011 (inhaltlich unveränderter Nachdruck) · ISBN 978-3-88234-973-3

Aus der Not eine Tugend gemacht, wäre wohl die passende Beschreibung für die Entstehung dieses Formel-Trainers. Alles fing damit an, dass ich, nach einem eher traurigen Prüfungsergebnis eines unserer Auszubildenden, die Prüfungsvorbereitung unserer Büro-Auszubildenden auf die Abschlussprüfung zur Chefsache erklärt habe.

Weil, was nützt das beste Prüfungsvorbereitungsmaterial, wenn die Azubis es nicht anwenden. Dass Buchführung nicht Jedermanns Sache ist, wissen wir ja aus unserer täglichen Praxis. Aber dass die ersten Rechnungswesen-Versuche so katastrophal enden würden, hätte ich nicht gedacht. Schon die von den Azubis vorgeschlagenen Buchungssätze ließen mein Herz nicht höher schlagen, aber noch schlimmer als das Buchen war das im Rahmen des Rechnungswesens auch nicht vermeidbare kaufmännische Rechnen. Alles wurde fröhlich nach dem gleichen Schema gerechnet: man drücke die Prozenttaste auf dem Taschenrechner, addierte oder subtrahierte und fertig ist das (meist falsche) Ergebnis. Bei meinem ersten vorsichtigen Hinweis, dass es sich um einen vermehrten Prozentwert handele, schauten mich zwei Augenpaare erstaunt und groß an. Da war klar, dass hier einfach Grundlegendes dringend noch mal wiederholt werden musste. Bekanntlich macht ja nur Übung den Meister, also habe ich mich hingesetzt, mir angeschaut was und wie genau in der Prüfung gerechnet werden muss, mir eine Vielzahl von Aufgaben, leichte und schwere, nette und etwas gemeinere ausgedacht und diese meine Auszubildenden rechnen lassen.

Im ersten Augenblick haben die Azubis mich für diese Idee sicherlich nicht sonderlich gemocht (und erst recht nicht die Müllerbrot AG) aber dafür war beim zweiten Durchlauf wirklich deutliche Besserung in Sicht und ich erntete der Mühe Lohn. Es waren die Azubis, die dann vorschlugen, diese Aufgaben doch auch all Ihren Leidensgenossen zur Verfügung zu stellen. Und so entstand nach Feinschliff und Überarbeitung dieser clevere Formel-Trainer.

Mir bleibt jetzt nur noch Ihnen viel Spaß beim Rechnen und viel Erfolg für Ihre Prüfung zu wünschen. Auch wenn die Rechnerei ein wenig lästig ist, es lohnt sich!

Arbeitsanleitung

Der Aufgabenteil dieses Trainers besteht aus drei Teilen. Im ersten Teil gibt es einfache Rechenaufgaben zum Trainieren der jeweiligen Rechenart. Im zweiten Teil folgen dann Textaufgaben zu den Rechenarten und im dritten Teil gibt es drei umfangreichere Textaufgaben zu Belegen, in denen die verschiedenen Rechenarten „vermischt" wurden.

Am sinnvollsten rechnen Sie die einzelnen Kapitel erst einmal durch, schauen inwieweit Sie richtig und falsch lagen und stürzen sich dann voll Elan auf das nächste Kapitel. Bevor Sie sich an die umfangreichen Textaufgaben wagen (und die letzte hat es wirklich in sich), sollten Sie alle anderen Aufgaben mindestens einmal gelöst haben. Wenn Sie feststellen, dass Sie schon bei den Trainingsaufgaben Probleme haben, legen Sie den Trainer einfach mal zwei Tage zur Seite und lösen die Aufgaben dann noch einmal. Erst wenn Sie 90 % der Trainingsaufgaben richtig gelöst haben, sollten Sie sich an die Textaufgaben wagen.

Hier gilt das Gleiche, erst ein Kapitel lösen, nachschauen, im Zweifelsfall noch mal lösen und sich erst dann auf die Belegaufgaben stürzen, wenn Sie die Textaufgaben problemlos rechnen konnten.

Wie würden Sie denn Rechenaufgaben normaler Weise lösen? Zahlen in den Taschenrechner getippt, Ergebnis aufgeschrieben und fertig ist das Ergebnis? Genau so haben es meine Auszubildenden auch gemacht. Auf meine Frage „Wie haben Sie das denn gerechnet" kam dann eine meist eher gestammelte Antwort.

Wenn Sie wirklich fit im Rechnen sind, ist dieses Vorgehen sicherlich kein Problem. Sind Sie nicht ganz so fit, ist das eher kritisch. Denn nur, wenn Sie im Nachhinein noch wissen, wie Sie die Aufgaben gerechnet haben und wo ihre Fehler lagen, können Sie es beim nächsten Mal besser beziehungsweise richtig machen.

Gerade, wenn Sie unsicher sind, ist es sinnvoll langsam und schrittweise zu rechnen. Schreiben Sie die Formel auf, mit der Sie rechnen wollen. Überlegen Sie, welche Zahl in der Aufgabe welchem Parameter in der Formel entspricht und vermerken Sie dieses. Markieren Sie sich bei Textaufgaben wichtige Parameter im Text zum Beispiel mit einem farbigen Marker. Ist Ihr Ergebnis falsch, können Sie auch später noch ziemlich schnell nachvollziehen, wo Sie sich geirrt haben.

Dieses Büchlein besteht nicht aus einem, sondern aus zwei Teilen. Einem Aufgabenteil (möglichst hier nicht hineinschreiben, damit Sie die Aufgaben später noch mal rechnen können) und einem Lösungsteil, damit Sie wissen, wie Sie auf das richtige Ergebnis kommen.

Schauen Sie sich die Aufgaben, die Ihnen besondere Probleme bereitet haben vor Ihrer Prüfung noch einmal ganz genau an und rechnen Sie sie am besten auch noch einmal. Damit erhöhen Sie die Chance ungemein, diesen Aufgabentyp in der Prüfung nicht falsch zu bearbeiten.

Jetzt wünsche ich Ihnen viel Spaß beim Rechnen und viel Erfolg für Ihre Prüfung.

Ihre

Felicia Ullrich

1.1. Rabatt und Mehrwertsteuer

Berechnen Sie die jeweils fehlenden Werte

1.1.1   Nettorechnungsbetrag: 290,00 Euro
         Mehrwertsteuersatz: 7 %
         Mehrwertsteuerbetrag: ?

1.1.2   Nettorechnungsbetrag: 2.088,00 Euro
         Mehrwertsteuersatz: 19 %
         Mehrwertsteuerbetrag: ?

1.1.3   Nettorechnungsbetrag: 15.300,00 Euro
         Mehrwertsteuersatz: 19%
         Bruttorechnungsbetrag: ?

1.1.4   Nettorechnungsbetrag: 24,11 Euro
         Mehrwertsteuersatz: 19 %
         Bruttorechnungsbetrag: ?

1.1.5   Nettorechnungsbetrag: 24,11 Euro
         Mehrwertsteuersatz: 7 %
         Bruttorechnungsbetrag: ?

1.1.6   Bruttorechnungsbetrag: 12,50 Euro
         Mehrwertsteuersatz: 19 %
         Nettorechnungsbetrag: ?

1.1.7   Bruttorechnungsbetrag: 90,95 Euro
         Mehrwertsteuersatz: 7 %
         Nettorechnungsbetrag: ?

1.1.8   Bruttorechnungsbetrag: 1.904,60 Euro
         Mehrwertsteuersatz: 7 %
         Nettorechnungsbetrag: ?

1.1.9   Bruttorechnungsbetrag: 999,00 Euro
         Mehrwertsteuersatz: 19 %
         Nettorechnungsbetrag: ?

1.1.10 Bruttorechnungsbetrag: 14.800,00 Euro
Mehrwertsteuersatz: 19 %
Nettorechnungsbetrag: ?

1.1.11 Bruttorechnungsbetrag: 1.048,60 Euro
Nettorechnungsbetrag: 980,00 Euro
Mehrwertsteuersatz: ?

1.1.12 Bruttorechnungsbetrag: 128,00 Euro
Mehrwertsteuerbetrag: 20,44 Euro
Mehrwertsteuersatz: ?

1.1.13 Nettorechnungsbetrag: 100,00 Euro
Kundenrabatt: 10 %
Mehrwertsteuersatz: 19 %
Bruttorechnungsbetrag: ?

1.1.14 Bruttorechnungsbetrag: 99,00 Euro
Mehrwertsteuersatz: 19 %
Kundenrabatt: 5 %
Zielverkaufspreis: ?

1.2. Skonto

Berechnen Sie den jeweils fehlenden Betrag

1.2.1 Rechnungsbetrag: 1.280,00 Euro
Skontosatz: 2 %
Überweisungsbetrag: ?

1.2.2 Rechnungsbetrag: 22,90 Euro
Skontosatz: 2,5 %
Überweisungsbetrag: ?

1.2.3 Rechnungsbetrag: 99,00 Euro
Skontosatz: 3 %
Überweisungsbetrag: ?

1.2.4   Skontosatz: 2 %
        Überweisungsbetrag: 12.544,00 Euro
        Rechnungsbetrag: ?

1.2.5   Skontosatz: 2,5 %
        Überweisungsbetrag: 58,40 Euro
        Rechnungsbetrag: ?

1.2.6   Skontosatz: 3 %
        Überweisungsbetrag: 13.095,00 Euro
        Rechnungsbetrag: ?

1.2.7   Skontosatz: 3 %
        Überweisungsbetrag: 96,99 Euro
        Rechnungsbetrag: ?

1.2.8   Rechnungsbetrag: 99,00 Euro
        Skontobetrag: 1,98 Euro
        Skontosatz: ?

1.2.9   Rechnungsbetrag: 1.290,00 Euro
        Skontobetrag: 38,70 Euro
        Skontosatz: ?

1.2.10   Überweisungsbetrag: 53,62 Euro
         Skontobetrag: 1,38 Euro
         Skontosatz: ? (Ergebnis auf eine Kommastelle runden)

1.2.11   Überweisungsbetrag: 1.088,78 Euro
         Skontobetrag: 22,22 Euro
         Skontosatz: ?

1.2.12   Rechnungsbetrag: 12,80 Euro
         Überweisungsbetrag: 12,54 Euro
         Skontosatz: ?

1.2.13   Rechnungsbetrag: 120.400,00 Euro
         Überweisungsbetrag: 117.390,00 Euro
         Skontosatz: ?

1.3. Zinsrechnung

Ermitteln Sie jeweils die fehlenden Werte (bei der Zeitraumberechnung ist die kaufmännische Zinsrechnung Monat = 30 Tage, Jahr = 360 Tage zu Grunde gelegt).

1.3.1   Kapital: 120.000,00 Euro
Zinssatz: 12,5 %
Tage: 90
Zinsen: ?

1.3.2   Kapital: 50.000,00 Euro
Zinssatz: 8,5 %
Zeitraum: 15.3. – 20.08. eines Jahres
Zinsen: ?

1.3.3   Kapital: 12.000,00 Euro
Zinssatz: 2,5 %
Zeitraum: 1.1. – 15.8. eines Jahres
Zinsen: ?

1.3.4   Zinssatz: 9,5 %
Tage: 90
Zinsen: 855,00 Euro
Kapital: ?

1.3.5   Zinssatz: 12,5 %
Zeitraum: 16.3. – 1.9. eines Jahres
Zinsen: 859,38 Euro
Kapital: ? (Ergebnis auf volle Euro runden)

1.3.6   Zinssatz: 6,80 %
Zeitraum: 15.9. – 31.12. eines Jahres
Zinsen: 595,00 Euro
Kapital: ?

1.3.7   Kapital: 25.000,00 Euro
Tage: 80
Zinsen: 666,67 Euro
Zinssatz: ?

1.3.8 Kapital: 9.000,00 Euro
          Zeitraum: 5.1. – 1.3.
          Zinsen: 77,00 Euro
          Zinssatz: ?

1.3.9 Kapital: 45.000,00 Euro
          Zeitraum: 2.1. – 28.2.
          Zinsen: 420,00 Euro
          Zinssatz: ?

1.3.10 Kapital: 220.000,00 Euro
           Zinssatz: 4,5 %
           Zinsen: 3.300,00 Euro
           Monate: ?

1.3.11 Kapital: 125.000,00 Euro
           Zinssatz: 9,8 %
           Zinsen: 2.450,00 Euro
           Tage: ?

1.4. Währungsrechnung

Ermitteln Sie den jeweils fehlenden Betrag bzw. den fehlenden Kurs anhand der vorgegebenen Devisen und Sortenkurse:

Währung		Devisenkurse		Sortenkurse	
		Geld	Brief	Verkauf	Ankauf
USA	$	1,4574	1,4634	1,3966	1,5409
Japan	Yen	132,5400	133,0200	126,4341	140,3862
Großbrit.	((Pfund))	0,8728	0,8768	0,8363	0,9217
Schweiz	Sfr	1,5117	1,5157	1,4507	1,5965
Kanada	kan-$	1,5640	1,5774	1,4991	1,6652

1.4.1 Betrag: 180,00 €
          Kurs: Briefkurs
          Währung: Sfr
          Betrag in: ?

1.4.2   Betrag: 1.240,00 €
       Kurs: Verkaufskurs
       Währung: $
       Betrag in: ?

1.4.3   Betrag: 11.000,00 Yen
       Kurs: Geldkurs
       Währung: Euro
       Betrag in: ?

1.4.4   Betrag: 189,00 $
       Kurs: Briefkurs
       Währung: Euro
       Betrag in: ?

1.4.5   Betrag: 235,00 Sfr
       Geschäftsfall: Kunde tauscht Sfr am Bankschalter in Euro
       Währung: Euro
       Kurs: ?
       Betrag in: ?

1.4.6   Betrag: 18.000,00 $
       Geschäftsfall: Kunde erhält 18.000,00 $ für erbrachte Leistungen und lässt den
                       Gegenwert auf seinem Konto gutschreiben.
       Währung: Euro
       Kurs: ?
       Betrag in: ?

1.4.7   Betrag: 300,00 €
       Geschäftsfall: Kunde tauscht 300,00 Euro am Bankschalter in $
       Währung: $
       Kurs: ?
       Betrag in: ?

1.4.8   Betrag: 180.000,00 Yen
       Geschäftsfall: Rechnung im Gegenwert von 180.000,00 Yen muss beglichen
                       werden. Der Gegenwert wird dem Kunden in Euro auf seinem
                       Konto belastet.
       Währung: Euro
       Kurs: ?
       Betrag in: ?

1.5. Anschaffungskosten und Abschreibungen

1.5.1   Maschine, Nettoanschaffungswert: 36.000,00 Euro, betriebliche Nutzungsdauer
6 Jahre, lineare Abschreibung

Abschreibungsbetrag für das 3. Nutzungsjahr ?

1.5.2   Fahrzeug, Nettoanschaffungswert 28.000,00 Euro, betriebliche Nutzungsdauer
5 Jahre, Anschaffung am 01.11.2010, lineare Abschreibung

Abschreibungsbetrag für 2010?

1.5.3   Schreibtisch, Bruttorechnungsbetrag 440,80 Euro, Anschaffung am 5.01.2007,
lineare Abschreibung, betriebliche Nutzungsdauer 4 Jahre

Abschreibungsbetrag für 2007?

1.5.4   Schreibtisch, Bruttorechnungsbetrag 440,80 Euro, Anschaffung am 5.01.2010

Abschreibungsbetrag für 2010?

1.5.5   Notebook, Bruttorechnungsbetrag 1.586,88 Euro, Anschaffung am 25.03.2009,
lineare Abschreibung, betriebliche Nutzungsdauer 3 Jahre

Restbuchwert 31.12.2011?

1.5.6   Maschine, Nettoanschaffungswert 54.000,00 Euro, Anschaffung am 8.11.2010,
betriebliche Nutzungsdauer 5 Jahre, lineare Abschreibung

Wie hoch ist der buchhalterische Restwert der Maschine am Ende des 2. Jahres?

1.5.7   PKW, Nettoanschaffungswert 18.000,00 Euro, Anschaffung am 02.02.2008,
betriebliche Nutzungsdauer 5 Jahre, lineare Abschreibung

Restbuchwert 2012?

1.5.8   Bürostuhl, Bruttoanschaffungswert 166,00 Euro, Anschaffung am 12.02.2010

Abschreibungsbetrag für 2010?

1.5.9   10-bändiges Lexikon, Bruttoanschaffungswert 177,77 Euro, Anschaffung
03.01.2010, lineare Abschreibung.

Abschreibungsbetrag 2010?

1.6. Kalkulation

Ergänzen Sie die jeweils fehlenden Beträge in den nachstehenden Kalkulationsschemata.

1.6.1

Bareinkaufspreis		33,20 €
+ Handlungskostenzuschlag	35 %	
Selbstkostenpreis		
+ Gewinn	20 %	
Barverkaufspreis		
+ Kundenrabatte	5%	
Nettoverkaufspreis		
+ Umsatzsteuer	19 %	
Bruttoverkaufspreis		a) ? €

1.6.2

Bareinkaufspreis		a) ? €
+ Bezugs- und Handlungskosten	38 %	
Selbstkostenpreis		165,50 €
+ Gewinn	b) ? %	
Barverkaufspreis		190,44 €
+ Kundenrabatte	10 %	
Nettoverkaufspreis		
+ Umsatzsteuer	19 %	c) ? €
Bruttoverkaufspreis		d) ? €

1.6.3

Bareinkaufspreis		
+ Bezugs- und Handlungskosten	25 %	300,00 €
Selbstkostenpreis		a) ? €
+ Gewinn	18 %	270,00 €
Barverkaufspreis		
+ Kundenrabatte	10 %	196,67 €
Nettoverkaufspreis		
+ Umsatzsteuer	19 %	b) ? €
Bruttoverkaufspreis		c) ? €

1.6.4

Bareinkaufspreis		c) ? €
+ Bezugs- und Handlungskosten		25,00 €
Selbstkostenpreis		
+ Gewinn	12 %	
Barverkaufspreis		b) ? €
+ Kundenrabatte	5 %	
Nettoverkaufspreis		a) ? €
+ Umsatzsteuer	19 %	
Bruttoverkaufspreis		204,14 €

1.6.5

Bareinkaufspreis		
+ Bezugs- und Handlungskosten	22 %	b) ? €
Selbstkostenpreis		
+ Gewinn	20 %	
Barverkaufspreis		a) ? €
+ Kundenrabatte	8 %	
Nettoverkaufspreis		180,95 €
+ Umsatzsteuer	19 %	
Bruttoverkaufspreis		c) ? €

1.6.6

Listenpreis netto		1.000,00 €
– Lieferrabatt	5 %	
Zieleinkaufspreis		
– Lieferskonto	2,5 %	
Bareinkaufspreis		a) ? €
+ Bezugskosten		80,00 €
Bezugspreis		
+ Handlungskosten	28 %	
Selbstkostenpreis		b) ? €
+ Gewinn	18 %	
Barverkaufspreis		
+ Kundenskonto	2 %	
Zielverkaufspreis		c) ? €
+ Kundenrabatt	3 %	
Nettoverkaufspreis		
+ Umsatzsteuer	19 %	
Bruttoverkaufspreis		d) ? €

1.6.7

Listenpreis netto		d) ? €
– Lieferrabatt	8 %	
Zieleinkaufspreis		
– Lieferskonto	2 %	c) ? €
Bareinkaufspreis		
+ Bezugskosten	6 %	
Bezugspreis		
+ Handlungskosten	25 %	b) ? €
Selbstkostenpreis		
+ Gewinn	15 %	
Barverkaufspreis		
+ Kundenskonto	2 %	a) ? €
Zielverkaufspreis		
+ Kundenrabatt	5 %	
Nettoverkaufspreis		
+ Umsatzsteuer	19 %	
Bruttoverkaufspreis		3.682,85 €

1.6.8

Fertigungsmaterial		125,00 €
+ Materialgemeinkosten	20 %	
= Materialkosten		
Fertigungslöhne		220,00 €
+ Fertigungsgemeinkosten	120 %	
= Fertigungskosten		
= Herstellkosten		a) ? €
+ Verwaltungsgemeinkosten	8 %	
+ Vertriebsgemeinkosten	15 %	
= Selbstkosten		
+ Gewinn	18 %	b) ? €
= Barverkaufspreis		
+ Kundenskonto	2 %	
= Zielverkaufspreis		
+ Kundenrabatte 20 %	20 %	
= Listenverkaufspreis netto		c) ? €

1.6.9

Fertigungsmaterial		0,59 €
+ Materialgemeinkosten	15 %	
= Materialkosten		
Fertigungslöhne		3,60 €
+ Fertigungsgemeinkosten	180 %	
= Fertigungskosten		
= Herstellkosten		a) ? €
+ Verwaltungsgemeinkosten	12 %	
= Selbstkosten		
+ Gewinn	35 %	b) ? €
= Barverkaufspreis		
+ Kundenrabatte	15 %	
= Listenverkaufspreis netto		c) ? €

1.6.10

Fertigungsmaterial		250,00 €
+ Materialgemeinkosten	6 %	
= Materialkosten		
Fertigungslöhne		180,00 €
+ Fertigungsgemeinkosten	140 %	
= Fertigungskosten		
= Herstellkosten		a) ? €
+ Verwaltungsgemeinkosten	8 %	
+ Vertriebsgemeinkosten	15 %	
= Selbstkosten		
+ Gewinn	c) ? %	b) ? €
= Barverkaufspreis		
+ Kundenskonto	2 %	
= Zielverkaufspreis		
+ Kundenrabatte 20 %	20 %	
= Listenverkaufspreis netto		1.250,00 €

1.6.11

Fertigungsmaterial		53,00 €
+ Materialgemeinkosten	12 %	
= Materialkosten		
Fertigungslöhne		150,00 €
+ Fertigungsgemeinkosten	120 %	
= Fertigungskosten		
= Herstellkosten		a) ? €
+ Verwaltungsgemeinkosten	10 %	
+ Vertriebsgemeinkosten	8 %	
+ Sondereinzelkosten des Vertriebs		4,50 €
= Selbstkosten		
+ Gewinn	c) %	b) €
= Barverkaufspreis		
+ Kundenskonto	2,5 %	
= Zielverkaufspreis		
+ Kundenrabatte	15 %	
= Listenverkaufspreis netto		626,98 €

1.6.12

Fertigungsmaterial		c) ? €
+ Materialgemeinkosten	7 %	
= Materialkosten		
Fertigungslöhne		135,00 €
+ Fertigungsgemeinkosten	140 %	
= Fertigungskosten		
= Herstellkosten		b) ? €
+ Verwaltungsgemeinkosten	9 %	
+ Vertriebsgemeinkosten	12 %	
= Selbstkosten		
+ Gewinn	18 %	
= Barverkaufspreis		a) ? €
+ Kundenrabatte	10 %	
= Listenverkaufspreis netto		599,00 €

1.6.13

Fertigungsmaterial		2,10 €
+ Materialgemeinkosten	6 %	
= Materialkosten		
Fertigungslöhne		b) ? €
+ Fertigungsgemeinkosten	80 %	
= Fertigungskosten		
= Herstellkosten		
+ Verwaltungsgemeinkosten	7 %	
+ Vertriebsgemeinkosten	5 %	
= Selbstkosten		a) ? €
+ Gewinn	10 %	
= Barverkaufspreis		
+ Kundenskonto	2 %	
= Zielverkaufspreis		
+ Kundenrabatte	5 %	
= Listenverkaufspreis netto		12,90 €

2.1. Textaufgaben zu(r) Mehrwertsteuer, Rabatten und Skonti

2.1.1

In einer Rechnung über Büroordner ist ein Mehrwertsteuerbetrag von 40,69 Euro (19 %) ausgewiesen. Sie haben insgesamt 50 Ordner bestellt.

a) Wie hoch ist der Bruttostückpreis eines Ordners?

b) Wie hoch ist der Nettostückpreis eines Ordners?

2.1.2

Sie haben zwei Lehrbücher für je 19,80 Euro (inkl. 7 % MwSt.) und eine Lernsoftware für 39,60 Euro (inkl. 19 % MwSt.) bei einem Verlag bestellt. Die Porto- und Verpackungskosten belaufen sich auf 5,40 Euro (inkl. 19 % MwSt.).

Über wie viel Euro lauten die ausgewiesenen Mehrwertsteuerbeträge (7 % und 19 % MwSt.)?

2.1.3

Sie haben Berufskleidung bestellt. Leider stellt sich heraus, dass einige Hosen bereits Flecken haben. Daher vereinbaren Sie mit dem Lieferant einen Rabatt von 10 %. Der Überweisungsbetrag für die 10 Hosen lautet über 193,19 Euro.

a) Über welchen Betrag lautet der ursprüngliche Bruttorechnungsbetrag?

b) Wie hoch ist der sich durch den Rabatt ergebende Umsatzsteuerkorrekturbetrag? (19 % MwSt.)

2.1.4

Sie haben der Meier OHG für den Verkauf einer gebrauchten Maschine 12.500,00 Euro netto in Rechnung gestellt. Die Meier OHG zahlt den Rechnungsbetrag unter Ausnutzung von 2 % Skonto.

a) Wie hoch war der in Rechnung gestellte Bruttowarenwert?

b) Über wie viel Euro müssen Sie eine Umsatzsteuerkorrekturbuchung vornehmen?

2.1.5

Sie erhalten eine Rechnung über ein Lehrbuch in der fälschlicher Weise 19 % statt 7 % Mehrwertsteuer ausgewiesen sind. Der falsch ausgewiesene Mehrwertsteuerbetrag lautet über 4,76 Euro.

a) Über wie viel Euro lautet der Nettorechnungsbetrag für das Lehrbuch?

b) Wie viel Euro beträgt die korrekt ausgewiesene Mehrwertsteuer?

2.1.6

Sie haben im Monat März folgende Umsätze getätigt:

Lieferungen und sonstige Leistungen: 360.200,00 Euro
Einkauf von Waren und Dienstleistungen 93.000,00 Euro

Bei den angegebenen Werten handelt es sich um Nettowerte. Die von Ihnen gelieferten Waren und Dienstleistungen unterliegen alle einem Mehrwertsteuersatz von 19 %. Ein Sechstel der eingekauften Waren und Dienstleistungen unterliegt dem verminderten Mehrwertsteuersatz, alle anderen dem normalen Mehrwertsteuersatz.

a) Berechnen Sie die angefallene Vorsteuer für den Monat März.

b) Berechnen Sie die an das Finanzamt zu überweisende Zahllast für den Monat März.

c) Sie stellen fest, dass eine eingegangene Rechnung in Höhe von brutto 12.800,00 Euro (inkl. 19 % MwSt.) vergessen wurde zu buchen. Um wie viel Prozent verändert sich die errechnete Zahllast, wenn Sie diese Rechnung noch verbuchen?

2.1.7

Sie erhalten eine Banküberweisung vom Kunden in Höhe von 2.528,40 Euro. Der Kunde hat die Rechnung unter Ausnutzung von 2 % Skonto bezahlt.

a) Über welchen Betrag lautete der ursprüngliche Rechnungsbetrag?

b) In welcher Höhe müssen Sie eine Umsatzsteuerkorrektur vornehmen (Steuersatz 19 %)?

c) Wie hoch ist der durch den Abzug von Skonto entstandene echte Mindererlös?

2.1.8

Über das Vermögen eines Ihrer Kunden wurde am 15. März 2010 das Insolvenzverfahren eröffnet. Ihre noch offenen Forderungen betragen 17.800,00 Euro (brutto inkl. 19 % MwSt.)

Zum Abschluss des Verfahrens im Juni 2010 überweist der Insolvenzverwalter auf diese zweifelhafte Forderung 2.670,00 Euro (brutto inkl. 19 % MwSt.).

a) Ermitteln Sie den Umsatzsteuerkorrekturbetrag.

b) Ermitteln Sie den erfolgswirksamen Forderungsausfall.

2.1.9

Folgende Daten können Sie Ihrem Kontoauszug entnehmen:

1	15.03.10	15.03.10	Scholz OHG Rechnung vom 08.03.10 Abzgl. 2,5 % Skonto	3.773,25 H

a) Ermitteln Sie den Rechnungsbetrag (brutto).

b) Ermitteln Sie den Nettoskontoabzug.

c) Ermitteln Sie den Umsatzsteuerkorrekturbetrag (19 % MwSt.).

2.1.10

Die Holzwurm GmbH hat Ihnen 60 neue Bürotische geliefert. Folgender Auszug aus der Rechnung liegt Ihnen vor:

Bezeichnung	Menge	Einzelpreis in €	Gesamt in €
Bürotische „Natur"	60	399,00	23.940,00
– 12 % Rabatt			2.872,80
+ Frachtkosten			678,00
			21.745,20
+ 19 % Umsatzsteuer			xxxx,xx
			xx.xxx,xx

a) Berechnen Sie den Rechnungsbetrag.

b) Berechnen Sie die Anschaffungskosten für einen Bürotisch „Natur".

2.2. Anschaffungskosten und Abschreibungen

2.2.1

Die Müllerbrot AG erwarb am 30.08.2010 einen Firmen-PKW laut der unten stehenden Rechnung:

Listenpreis	36.500,00 Euro
Navigationssystem	1.600,00 Euro
Überführungskosten	400,00 Euro
	38.500,00 Euro
– 12 % Rabatt	4.620,00 Euro
	33.880,00 Euro
+ 19 % MwSt.	6.437,20 Euro
	40.317,20 Euro

Für die Zulassung haben Sie bei der Stadt Gebühren in Höhe von 110,00 Euro gezahlt.

a) Wie hoch sind die Anschaffungskosten des PKW?

b) Die betriebliche Nutzungsdauer des PKW beträgt 5 Jahre. Ermitteln Sie den höchst möglichen Abschreibungsbetrag für das Jahr 2010.

c) Der Wiederbeschaffungswert des PKW wird auf 42.000,00 Euro geschätzt. Ermitteln Sie den kalkulatorischen Abschreibungsbetrag bei linearem Abschreibungsverlauf für das Nutzungsjahr 2010.

2.2.2

Die Müllerbrot AG erwarb eine Maschine zur Teigherstellung. Folgende Kosten sind angefallen:

Bruttoanschaffungswert	120.000,00 Euro
Transportkosten (brutto)	1.300,00 Euro
Montagekosten (brutto)	4.600,00 Euro
Lieferung der Maschine:	14.09.2010

Die Rechnung wurde unter Ausnutzung von 2 % Skonto bezahlt.

a) Wie hoch sind die Anschaffungskosten der Maschine?

b) Wie hoch ist der Abschreibungsbetrag für das Jahr 2010, wenn die betriebliche Nutzungsdauer 10 Jahre beträgt und die Maschine linear abgeschrieben wird?

2.2.3

Die Müllerbrot AG hat 2009 einen PC für 2.100,00 Euro (brutto) erworben. Die betriebliche Nutzungsdauer beträgt 3 Jahre. Im März 2011 verkauft die Müllerbrot AG den PC.

Ermitteln Sie den anteiligen linearen Abschreibungsbetrag für das Jahr 2011.

2.2.4

Die Müllerbrot AG hat in den USA eine Maschine für 89.000,00 USD (netto) erworben. Für den Transport nach Deutschland berechnet die amerikanische Spedition 2.800,00 USD (netto). Die Müllerbrot AG erhält die Rechnung am 30.11.2010.

USD-Devisenkurse für 1 EUR

Datum	Geld	Brief
30.11.2010	1,4574	1,4634
31.12.2010	1,4560	1,4474

a) Ermitteln Sie die Anschaffungskosten für die Maschine bei Rechnungseingang am 30.11.2010.

b) Ermitteln Sie den am 31.12.2010 zu passivierenden Betrag.

2.2.5

Die Müllerbrot AG hat im Januar 2008 zur Erweiterung der Lagerkapazitäten ein neues Lagergebäude für 800.000,00 Euro erworben. Der im Kaufpreis enthaltene Grundstückswert beträgt 200.000,00 Euro. Für den Erwerb ist Grundsteuer in Höhe von 3,5 % angefallen und Notarkosten in Höhe von 1.600,00 Euro (zzgl. MwSt.).

Das Lagergebäude wird linear über 30 Jahre abgeschrieben.

a) Ermitteln Sie die Anschaffungskosten für das Lagergebäude.

b) Ermitteln Sie die jährlichen Abschreibungsbeträge für das Jahr 2010 für das Lagergebäude.

2.3. Währungsrechnung

Währung		Devisenkurse		Sortenkurse	
		Geld	**Brief**	**Verkauf**	**Ankauf**
USA	$	1,4574	1,4634	1,3966	1,5409
Japan	Yen	132,5400	133,0200	126,4341	140,3862
Großbrit.	((Pfund))	0,8728	0,8768	0,8363	0,9217
Schweiz	Sfr	1,5117	1,5157	1,4507	1,5965
Kanada	kan-$	1,5640	1,5774	1,4991	1,6652

Kurstabelle für die Textaufgaben 2.3.1 – 2.3.5

2.3.1

Der Einkaufleiter der Müllerbrot AG reist geschäftlich in die Schweiz und tauscht bei seiner Bank 120,00 Euro in Schweizer Franken.

Ermitteln Sie den Gegenwert in Schweizer Franken.

2.3.2

Die Müllerbrot AG erhält von einem Schweizer Kunden einen Scheck über 1.296,00 Schweizer Franken. Sie reicht den Scheck bei der Bank ein und lässt sich den Gegenwert in Euro auf ihrem Konto gutschreiben.

Ermitteln Sie die Gutschrift.

2.3.3

Für den Kauf einer Maschine muss die Müllerbrot AG 89.000,00 Pfund nach England überweisen. Die Bank belastet den Gegenwert dem Konto der Müllerbrot AG.

Ermitteln Sie den Gegenwert in Euro.

2.3.4

Der Einkaufleiter der Müllerbrot AG kommt von seiner Schweiz-Reise zurück und hat noch 60,00 Schweizer Franken. Er zahlt diese bei der Bank auf das Konto der Müllerbrot AG ein.

Ermitteln Sie den Gegenwert in Euro.

2.3.5

Der Einkaufleiter der Müllerbrot AG tauscht für eine USA-Reise 500,00 Euro am Bankschalter in US-Dollar. In den USA hat er insgesamt 150,00 $ ausgegeben. Auf dem Rückflug tauscht er die verbliebenen US-Dollar am Frankfurter Flughafen gegen britische Pfund, da er direkt nach England weiterreist. Dort benötigt er jedoch insgesamt nur 10,00 britische Pfund. Die restlichen Pfund zahlt er, wieder zu Hause, bei seiner Bank ein und lässt sich den Gegenwert auf seinem Konto gutschreiben.

Ermitteln Sie den Gutschriftbetrag in Euro.

2.4. Zinsrechnung und Rechnungsabgrenzung

2.4.1

Die Müllerbrot AG hat 220.000,00 Euro in einer festverzinslichen Anleihe zu 4,5 % angelegt. Am 30.09.2010 werden der Müllerbrot AG die Zinsen für den Zeitraum 30.09.2010 bis 30.03.2011 gutgeschrieben.

a) Ermitteln Sie den Zinsbetrag in Euro.

b) Ermitteln Sie den abzugrenzenden Betrag.

2.4.2

Das Konto der Müllerbrot AG wird am 20.1.2011 wie folgt belastet:

Buchungstag	Wert		
3.2.	1.2.	Darlehen	
		Konto 300 259	
		Zinsen	4.275,00 S

Außerdem liegen Ihnen die folgenden Informationen vor:
Darlehen Konto 300 259, Zinszahlung halbjährlich rückwirkend, Zinssatz: 9,5 % p. a.
Die Rückzahlung erfolgt in einer Summe, das Darlehen ist daher tilgungsfrei gestellt.

a) Ermitteln Sie die Darlehenssumme in Euro.

b) Ermitteln Sie den abzugrenzenden Betrag.

2.4.3

Zur Überweisung eines Betrages in Höhe von 25.860,00 Euro unter Ausnutzung von Skonto müsste die Müllerbrot AG ihren Kontokorrentkredit in Höhe dieses Betrages vom 25.2. bis zum 10.3. in Anspruch nehmen. Der Kontokorrentkredit wird mit 12,5 % p. a. verzinst.

a) Ermitteln Sie die für den Kontokorrentkredit anfallenden Zinsen.

b) Ermitteln Sie den effektiven Skonto-Jahreszins bei folgenden Zahlungsbedingungen: „Zahlungsziel 30 Tage netto oder 2 % Skonto bei Zahlung innerhalb von 10 Tagen".

2.4.4

Das Debitorenkonto der Supershop AG weist die folgenden Werte auf:

Datum	Vorgang	Fälligkeitstag	Soll (€)	Haben (€)
09.01.2010	Rechnung 2345/45	08.02.2010	2.460,00	
28.03.2010	Zahlungseingang			2.460,00

Die Müllerbrot AG stellt der Supershop AG im Oktober 2010 Verzugszinsen in Rechnung (kaufmännische Zinsrechnung).

Laut § 288 BGB beträgt der Zinssatz für Rechtsgeschäfte, an denen ein Verbraucher nicht beteiligt ist, für die Entgeltforderungen acht Prozentpunkte über dem Basiszinssatz.

Der Basiszinssatz beträgt 0,12 %.

a) Ermitteln Sie die Zinstage.

b) Ermitteln Sie den zu berechnenden Zinssatz.

c) Ermitteln Sie die zu berechnenden Zinsen.

2.5. Break-Even- und Deckungsbeitragsrechnung

Die Müllerbrot AG kauft eine neue Backmaschine zur Herstellung von Brötchen (Wecken, Schrippen, Semmeln). Es können 150.000 Brötchen am Tag hergestellt werden.

2.5.1

Auf der bisherigen Anlage werden rund 90.000 Brötchen am Tag hergestellt.

Fixe Kosten pro Tag: 9.000,00 Euro
Variable Kosten: 0,06 Euro
Erlös pro Stück: 0,15 Euro

a) Ermitteln Sie den Deckungsbeitrag je Brötchen.

b) Ermitteln Sie den Gesamterlös pro Tag.

c) Ermitteln Sie die Gesamtkosten pro Tag.

d) Ermitteln Sie den Erfolg pro Tag.

e) Ermitteln Sie die Menge Brötchen pro Tag, die zu einem ausgeglichenen Ergebnis führt.

2.5.2

Die Müllerbrot AG hat die neue Maschine gekauft, weil sie einen Vertrag mit der Supermarktkette „Schmeckguth" geschlossen hat. Im Vertrag verpflichtet sich die Supermarktkette täglich 140.000 Brötchen abzunehmen, zu einem Preis von 0,12 Euro pro Stück.

Für die neue Maschine gestalten sich die Kosten wie folgt:

Fixe Kosten   12.000 Euro pro Tag
Variable Kosten   0,03 Euro pro Stück

a) Ermitteln Sie den Deckungsbeitrag je Brötchen.

b) Ermitteln Sie den Erfolg pro Tag.

c) Ermitteln Sie die Menge Brötchen, die unter den gegebenen Vertrags- und Kostenbedingungen zu einem ausgeglichenen Ergebnis führt.

2.5.3

Für eine Geschäftsreise nach England liegen dem Vertriebsleiter Herrn Sauerteig der Müllerbrot AG zwei Mietwagen-Angebote vor.

Angebot A		**Angebot B**	
Wochenpauschale:	299,00 Euro	Tagespauschale:	55,00 Euro
Freie km:	350 km/pro Woche	Freie km:	50 km/pro Tag
Jeder weitere km:	0,52 Euro	Jeder weitere km:	0,43 Euro
Vollkasko:	3,50 Euro pro Tag	Vollkasko:	Im Preis enthalten

a) Ermitteln Sie den Preis für das günstigere Angebot unabhängig von den gefahrenen Kilometern, wenn Herr Sauerteig das Auto für 14 Tage benötigt.

b) Ermitteln Sie den Preis für das günstigere Angebot, wenn Herr Sauerteig durchschnittlich 120 km am Tag fährt.

c) Herr Sauerteig wird voraussichtlich deutlich mehr als 50 km am Tag fahren. Ermitteln Sie die zu fahrenden Kilometer (gesamt), bei denen beide Angebote gleich günstig sind.

2.6. Kalkulation

2.6.1

Die Supermarktkette Smartshop bestellt bei der Müllerback AG die folgenden Mengen Brot.

Sorte	Stückpreis in €	Menge in Stück
Braunback kräftig	0,55	500
5xKorn	0,60	350
Das milde Weiße	0,45	600
Singlebrot	0,25	250

Die Müllerback AG gewährt einen Kundenrabatt von 5 %. Die Rechnung wird von der Supermarktkette unter Abzug von 2 % Skonto bezahlt.

a) Wie hoch ist der Betrag, den Smartshop an die Müllerback AG überweist (Lebensmittel = 7 % MwSt.)?

Smartshop rechnet mit einem Bezugs- und Handlungskostenzuschlag von 25 Prozent sowie einem Gewinn von 13 Prozent. Zwar gewährt Smartshop keine Rabatte, da aber immer mehr Kunden mit electronic cash bezahlen, berechnet Smartshop 2 % für Zinsverluste und Handlungskosten.

b) Wie viel kostet ein Brot der Sorte „Das milde Weiße" den Kunden von Smartshop, wenn alle Preise von Smartshop auf volle 5 Cent aufgerundet werden?

2.6.2

Für die Herstellung des „Superwuschel", des neusten Schmusetiers von Play&Love, entstehen die folgenden Kosten und Zuschlagsätze:

Fertigungsmaterial 8,50 €, Materialgemeinkostenzuschlag 5 %, Fertigungslöhne 14,50 €, Fertigungsgemeinkosten 120 %, Verwaltungsgemeinkostenzuschlag 5 %, Vertriebsgemeinkostenzuschlag 5 %, Gewinnzuschlag 15 %, Kundenskonto 2,5 %, Kundenrabatt 10 %.

Wie viel Euro beträgt der Listenverkaufspreis (netto)?

2.6.3

Die Metafix AG hat ein neues, sensationelles Küchengerät entwickelt, den Speedy-Multifix. Laut Vorkalkulation fallen die unten stehenden Kosten und Zuschlagsätze an.

Zu welchem Listenverkaufspreis (netto) sollte der Speedy-Multifix angeboten werden, wenn die Metafix AG einen Gewinn von 16,00 Euro pro Gerät erzielen möchte?

Fertigung

Fertigungsmaterial 15,90 €
Fertigungslöhne 36,80 €
Materialgemeinkostenzuschlag 18 %
Fertigungsgemeinkosten 160 %
Sondereinzelkosten der Fertigung 2,20 €

Vertrieb und Verwaltung

Verwaltungsgemeinkostenzuschlag 10 %
Vertriebsgemeinkostenzuschlag 8 %
Sondereinzelkosten des Vertriebs 1,70 €
Kundenskonto 2 %
Kundenrabatt 12,5 %

2.6.4

Trotz hervorragender Produkteigenschaften entspricht der Umsatz des Speedy-Multifix nicht den Erwartungen der Metafix Geschäftsleitung. Die Geschäftsleitung vermutet, dass die Ursache im zu hohen Verkaufspreis liegt.

Erneute Kalkulationen und günstigere Einkaufsbedingungen lassen es zu, dass die Herstellkosten um 15 % gesenkt werden können.

Welchen Gewinn erzielt die Metafix AG, wenn die Vertriebs- und Verwaltungskostenzuschläge unverändert bleiben und der Netto-Listenpreis auf 150,00 Euro gesenkt wird?

Fertigung (Kosten vor Kürzung um 15 %)

Fertigungsmaterial 15,90 €
Fertigungslöhne 36,80 €
Materialgemeinkostenzuschlag 18 %
Fertigungsgemeinkosten 160 %
Sondereinzelkosten der Fertigung 2,20 €

Vertrieb und Verwaltung

Verwaltungsgemeinkostenzuschlag 10 %
Vertriebsgemeinkostenzuschlag 8 %
Sondereinzelkosten des Vertriebs 1,70 €
Kundenskonto 2 %
Kundenrabatt 12,5 %

2.6.5

Für eine große Discounter-Kette soll die Metafix AG eine eigene Version des Speedy-Multifix produzieren. Für den „Schnellen Alleskönner" wird ein Listenverkaufspreis von 98,00 Euro vereinbart.

Welchen Preis kann der Produktionsleiter für die Fertigungsmaterialien ansetzen?

Fertigung

Materialgemeinkostenzuschlag 18 %
Fertigungslöhne 32,80 €
Fertigungsgemeinkosten 120 %

Vertrieb und Verwaltung

Verwaltungsgemeinkostenzuschlag 5 %
Kundenskonto 2 %
Gewinn 3 %

DRUCKEREI FASTPRINT
Ihr Partner für hochwertigen Druck

Müllerstr. 27
30040 Mühldorf

Müllerbrot AG
Meisterstr. 29
30041 Mühldorf

Fu   010-1110-27   10-03-15

Rechnung 15-03-10

Sales-Folder „Gesund leben mit Brot"

Druckziffer:	1996-223
Format:	40,0 cm x 29,7 cm
Druck:	4/4 farbig
Verarbeitung	Falz auf A4, am linken Rand zweifach gelocht

Lieferdatum: 15.03.2010

Stück:

77.000 o/oo 320,70		**24.693,90EUR**
2 Belichtungen		**125,20 EUR**
Nettobetrag		24.819,10 EUR
19 % MwSt.:		4.715,63 EUR
Gesamtbetrag		**29.534,73 EUR**

Zahlungsbedingungen:
Zahlung innerhalb von 10 Tagen ab Rechnungsdatum: 2 % Skonto
Zahlung innerhalb von 30 Tagen ab Rechnungsdatum: netto Kasse

FastPrint GmbH	Stadt-Sparkasse Mühldorf	UST-Nr. 128 5000 3222 122
Inhaber: Willi Hoffer	BLZ 300 500 764	
Registergericht Mühldorf	Konto 1111	
HRA 1000		

3. Rechenaufgaben zu Belegen

3.1 Aufgabe zum Beleg „FastPrint"

Die Müllerbrot AG hat bei der Firma FastPrint 77.000 Sales-Folder „Gesund leben mit Brot" drucken lassen. Am 15.3.2010 werden die Sales-Folder geliefert.

Die Müllerbrot AG stellt fest, dass die Sales-Folder statt zweifach vierfach gelocht sind. Da ein Neudruck aus Termingründen nicht in Frage kommt, vereinbart sie mit dem Drucker einen Rabatt von 15 Prozent auf den Preis der Sales-Folder (nicht auf die Belichtungen).

a) Über wie viel Euro lautet der Nettorechnungsbetrag nach Abzug des Rabatts?

b) Über wie viel Euro lautet der Bruttorechnungsbetrag nach Abzug des Rabatts?

Zur Ausnutzung des Skontos müsste die Müllerbrot AG ihren Kontokorrentkredit in Höhe des Überweisungsbetrages für 10 Tage in Anspruch nehmen. Der Kontokorrentkredit der Müllerbrot AG wird mit 9,5 % p. a. verzinst.

c) Wie viel Euro würde die Müllerbrot AG der Kontokorrentkredit für 10 Tage kosten?

d) Wie hoch ist der effektive Skontojahreszins?

Die Müllerbrot AG überweist die Rechnung am 24.3.2010 unter Ausnutzung von Skonto.

e) Ermitteln Sie den Überweisungsbetrag.

f) Ermitteln Sie den Umsatzsteuerkorrekturbetrag für die ursprünglich am 15. März 2010 ausgestellte Rechnung.

Living Art AG

Living Art AG   Postfach 30000   1000 Berlin

Müllerbrot AG
Meisterstr. 29
30041 Mühldorf

KI   030 3330-33   10-03-15

Rechnung 5523

Bezeichnung	Menge	Einzelpreis	Gesamt in EUR
Bürostuhl „Sabin"	3	299,00	897,00
Bürostuhl „The Chief"	1	799,00	799,00
			1.696,00
- 5 % Rabatt			xx,xx
+ Frachtkosten			120,00
			1.731,20
+ 19 % Umsatzsteuer			xxx,xx
			2.060,13

Zahlungsbedingungen:
Zahlung innerhalb von 14 Tagen ab Rechnungsdatum: 2,5 % Skonto
Zahlung innerhalb von 30 Tagen ab Rechnungsdatum: netto Kasse

Inhaber: Lisa Modus	Money Bank Berlin	UST-Nr. 13700805
Amtsgericht Charlottenburg	BLZ 100 000 99	
HRB 0001	Kto. Nr. 111999	

3.2 Aufgabe zu Beleg „Living Art"

Die Müllerbrot AG hat bei der Firma „Living Art" insgesamt 4 Bürostühle gekauft. Am 15. März 2010 erhält die Müllerbrot AG die Rechnung über den Bürostuhlkauf. Leider ist die Rechnung nass geworden und einige Beträge sind daher nicht mehr lesbar.

a) Ermitteln Sie den Rabatt-Betrag in Euro.

b) Ermitteln Sie die ausgewiesene Umsatzsteuer in Euro.

Am 17. März 2010 überweist die Müllerbrot AG den Rechnungsbetrag abzüglich Skonto.

c) Ermitteln Sie den Überweisungsbetrag.

d) Ermitteln Sie den Umsatzsteuerkorrekturbetrag.

e) Ermitteln Sie die Anschaffungskosten für einen Bürostuhl „Sabin".

Der Müllerbrot AG gefällt der Bezug des Bürostuhls „The Chief" überhaupt nicht. Daher schickt sie den Bürostuhl am 28. März wieder zurück. Da die Müllerbrot AG die Rechnung bereits bezahlt hat, erhält sie eine Gutschrift von der Firma „Living Art".

f) Ermitteln Sie den Nettogutschriftsbetrag (es erfolgt keine anteilige Rückerstattung der Frachtkosten).

g) Ermitteln Sie die in der Gutschrift ausgewiesene Mehrwertsteuer.

Bitte bei Zahlung angeben:

Kunden-Nr.:   124474

Beleg-Nr.:   768420

Beleg- und
Lieferdatum: 07.10.10   A91/835715

1

U-Form-Verlag
Herm. Ullrich (GmbH & Co) KG
Cronenberger Str. 58 ■ 42651 Solingen
Tel. 0212 22207-0 ■ Fax 0212 208963
uform@u-form.de ■ www.u-form.de

U-Form-Verlag ■ Herm. Ullrich (GmbH & Co) KG ■ Cronenberger Str. 58 ■ 42651 Solingen   Lieferanschrift:

Sabine Schlaumeier
Blumenstr. 10
80331 München

Menge	Best.-Nr.	Bezeichnung	SH	RECHNUNG/LS Listen- preis €	Rabatt %	Stück- preis €	*W* Gesamt- preis €	1 = 7 % MwSt. 2 = 19 % MwSt.
		INTERNET 06.10.2010						
1	1400	PRÜFK. ZP/Industriekaufmann		3,10		3,10	3,10	1
1	204	INDUSTRIEKFM. Lernsoftware AP		37,40		37,40	37,40	2
1	215	Industriekfm./Prüfungspaket ZP (605,4600,971)		30,90		30,90	30,90	1
3	971	Das clevere Formelheftchen		6,00		6,00	18,00	1
3	973	Der clevere Formel-Trainer		11,90		11,90	35,70	1
4	1805	Rechnen fürs Federmäppchen		1,00		1,00	4,00	1

   Versandspesen   5,23   +   Mwst

Versandart	Warenwert netto 7 %	Gesamt netto 7 %	MWSt- Betrag 7 %	Warenwert netto 19 %	Gesamt netto 19 %	MWSt- Betrag 19 %	Gesamtbetrag €
Paket							

Überweisungsauftrag / Zahlschein

(Name und Sitz des beauftragten Kreditinstituts)   (Bankleitzahl)

Benutzen Sie bitte diesen Vordruck
für die Überweisung des Betrages von
Ihrem Konto oder zur Bareinzahlung.
Den Vordruck bitte nicht beschädigen,
knicken, bestempeln oder beschmutzen.

Umsatzsteuer-Nr.
128 5842 0322
USt-IDNr. DE 120 877 156

Empfänger: Name, Vorname / Firma (max. 27 Stellen)

H .   U L L R I C H   G M B H   &   C O ,   S G

Konto-Nr. des Empfängers

2 9 8 5 0 5 0 3   3 7 0 1 0 0 5 0

Bankleitzahl

bei (Kreditinstitut)

P o s t b a n k   K o e l n

EURO   Betrag
E U R

Kunden-Referenznummer - noch Verwendungszweck, ggf. Name und Anschrift des Auftraggebers - (nur für Empfänger)

noch Verwendungszweck (insgesamt max. 2 Zeilen à 27 Stellen)

Kontoinhaber/Einzahler: Name (max. 27 Stellen, keine Straßen- oder Postfachangaben)

Konto-Nr. des Kontoinhabers   1 8

Hermann Ullrich
(GmbH & Co) KG
Amtsgericht Wuppertal
HRA 19374

Persönlich haftend:
Ullrich Druck und
Verlag GmbH, Solingen
HRB 14846

Amtsgericht Wuppertal
Geschäftsführer:
Eduard Ullrich
Felicia Ullrich

Deutsche Bank AG Solingen
(BLZ 342 700 94)
Konto 0 116 889

Postbank Köln
(BLZ 370 100 50)
Konto 298 50 503
IBAN DE22 3701 0050 0029 8505 03
BIC PBNKDEFF

Datum   Unterschrift

3.3 Aufgabe zu Beleg „U-Form"

Sabine Schlaumeier hat beim U-Form-Verlag verschiedene Unterlagen (laut Beleg) bestellt. Der in der Rechnung aufgeführte Aufgabensatz sowie die Arbeitsmappe unterliegen dem ermäßigten Steuersatz.

Ermitteln Sie den Gesamt-Mehrwertsteuerbetrag der ausgewiesenen Warenwerte (ohne Versandkosten) für

a) 7 % Mehrwertsteuer,

b) 19 % Mehrwertsteuer.

Die Mehrwertsteuer für die Versandkosten wird anteilsmäßig berechnet. Der Anteil, der auf Waren mit 19 % Mehrwertsteuer entfällt, wird mit 19 % versteuert, der Anteil, der auf Waren mit 7 % Mehrwertsteuer entfällt, wird mit 7 % versteuert.

c) Ermitteln Sie den Mehrwertsteuerbetrag, der auf die Versandkosten entfällt.

Am 17.10.2010 bezahlt Frau Schlaumeier die Rechnung abzüglich 2 Prozent Skonto.

d) Ermitteln Sie den Umsatzsteuerkorrekturbetrag zu diesem Zahlungseingang.

Erst am 23.11.2010 stellt Frau Schlaumeier fest, dass ihr PC überhaupt kein CD-ROM-Laufwerk besitzt und sie die Lernsoftware so nicht verwenden kann. Sie schickt die CD-ROM unfrei zurück und bittet um Gutschrift. Der U-Form-Verlag nimmt die Lernsoftware aus Kulanz zurück, berechnet Frau Schlaumeier aber Kosten für die unfreie Lieferung in Höhe von 12,00 Euro.

e) Über wie viel Euro lautet die Gutschrift?

Der clevere Formel-Trainer

Lösungsteil

In diesem Lösungsteil finden Sie nicht nur das jeweils richtige Ergebnis, sondern auch den entsprechenden Lösungsweg. Bei einigen Aufgaben sind verschiedene Lösungswege denkbar und oftmals auch mit angegeben. Die Lösungen sind so gestaltet, dass Sie auf alle Fälle nachvollziehen können, mit welcher Formel gerechnet wurde und in welchen Schritten. Gibt es einen „langen" und einen „kurzen" Weg, sind bei der ersten Aufgabe einer Rechenart meist beide Wege dargestellt, in den weiteren Aufgaben dann aber meist nur der kurze Weg. Denn je kürzer der Weg, desto schneller können Sie rechnen. Denn auch der Faktor Zeit ist in der Prüfung nicht zu unterschätzen.

Inhaltsverzeichnis

1. Einfache Rechenaufgaben Seite

2. Textaufgaben

3. Rechenaufgaben zu Belegen

Berechnung des Mehrwertsteuerbetrages

1.1.1   Nettorechnungsbetrag: 290,00 Euro
            Mehrwertsteuer: 7 %
            Mehrwertsteuerbetrag: ?

Ausführlicher Weg:

Hinweis: *Der Mehrwertsteuerbetrag entspricht in der Prozentrechnung dem Prozent-*
             wert. Durch Einsetzen der Werte in die Prozentformel, können Sie den
             Mehrwertsteuerbetrag berechnen.

Formel:

$$\text{Prozentwert} = \frac{\text{Grundwert} \cdot \text{Prozentsatz}}{100\ \%}$$

$$\text{Mehrwertsteuer} = \frac{\text{Nettorechnungsbetrag} \cdot \text{Mehrwertsteuersatz}}{100\ \%}$$

Rechnung

Grundwert: Nettorechnungsbetrag =   290,00 Euro
Prozentsatz: Mehrwertsteuersatz =   7 %
Prozentwert: Mehrwertsteuerbetrag =   ?

$$\text{Mehrwertsteuer} = \frac{290\ \text{€} \cdot 7\ \%}{100\ \%} = 20{,}30\ \text{Euro}$$

Kurzer Weg:

Da $\frac{7}{100}$ *= 0,07 ist, können Sie auch schneller wie folgt rechnen:*

Berechnen der Mehrwertsteuer:

Mehrwertsteuer = 290 € · 0,07 = 20,30 Euro

Ergebnis: 20,30 €

1.1.2   Nettorechnungsbetrag: 2.088,00 Euro
Mehrwertsteuer: 19 %
Mehrwertsteuerbetrag: 2.088,00 € · 0,19 = 396,72 Euro

Ergebnis: 396,72 €

Berechnung des Bruttorechnungsbetrages

1.1.3   Nettorechnungsbetrag: 15.300,00 Euro
Mehrwertsteuer: 19 %
Bruttorechnungsbetrag: ?

Rechnung

Ausführlicher Rechenweg:

Hinweis: *Der Bruttorechnungsbetrag entspricht in der Prozentrechnung dem um den Prozentwert vermehrten Grundwert. Diesen Wert können Sie errechnen, indem Sie erst den Prozentwert errechnen und diesen zum Grundwert dazu addieren.*

1. Berechnen der Mehrwertsteuer:

$$\text{Mehrwertsteuer} = \frac{15.300,00 \ € \cdot 19 \ \%}{100 \ \%} = 2.907,00 \ \text{Euro}$$

2. Berechnen des Bruttorechnungsbetrages:

Nettobetrag + MWSt. = 15.300,00 € + 2.907,00 € = 18.207,00 Euro

Hinweis: *Dieser Rechenweg ist zwar ausführlich aber auch umständlich. Da Sie in zwei Schritten rechnen statt in einem, ist die Gefahr größer, einen Fehler zu machen. Daher ist es sinnvoll direkt zu rechnen und zwar wie folgt:*

Berechnen des Bruttorechnungsbetrages:

Den erhöhten Grundwert können Sie auch direkt mit der folgenden Formel errechnen

$$\text{Vermehrter Grundwert} = \frac{\text{Grundwert} \cdot (100 \ \% + \text{Prozentsatz})}{100 \ \%}$$

Für die Mehrwertsteuer bedeutet das:

$$\text{Bruttorechnungsbetrag} = \frac{\text{Nettorechnungsbetrag} \cdot 119\ \% \ (\text{bzw.}\ 107\ \%)}{100\ \%}$$

oder noch kürzer:

$$\text{Nettorechnungsbetrag} \cdot 1{,}19 \ (\text{bzw.}\ 1{,}07)$$

Bruttorechnungsbetrag = 15.300,00 € · 1,19 = 18.207,00 Euro

Ergebnis: 18.207,00 €

1.1.4 Nettorechnungsbetrag: 24,11 Euro
Mehrwertsteuer: 19 %
Bruttorechnungsbetrag: 24,11 € · 1,19 = 28,69 Euro

Ergebnis: 28,69 €

1.1.5 Nettorechnungsbetrag: 24,11 Euro
Mehrwertsteuer: 7 %
Bruttorechnungsbetrag: 24,11 € · 1,07 = 25,80 Euro

Ergebnis: 25,80 €

Berechnung des Nettorechnungsbetrages

1.1.6 Bruttorechnungsbetrag: 12,50 Euro
Mehrwertsteuer: 19 %
Nettorechnungsbetrag: ?

Hinweis: *Bei der Berechnung des Nettorechnungsbetrages werden oft Fehler gemacht. Es werden einfach 19 % (7 %) vom Bruttorechnungsbetrag errechnet und dann abgezogen. Aber dieser Rechenweg ist falsch, da der Bruttorechnungsbetrag nicht 100 % sondern 119 % (107 %) entspricht. Daher muss beim Brutto-rechnungsbetrag mit dem vermehrten Grundwert gerechnet werden.*

Formel:

$$\text{Nettorechnungsbetrag} = \frac{\text{Bruttorechnungsbetrag} \cdot 100\ \%}{(100\ \% + \text{Mehrwertsteuersatz})}$$

oder kürzer

$$\text{Nettorechnungsbetrag} = \text{Bruttorechnungsbetrag} : 1{,}19\ (1{,}07)$$

Rechnung

$$\text{Nettorechnungsbetrag} = \frac{\text{Bruttorechnungsbetrag} \cdot 100\ \%}{119\ \%} = \frac{12{,}50\ € \cdot 100\ \%}{119\ \%} = 10{,}50\ \text{Euro}$$

oder kürzer

Nettorechnungsbetrag = 12,50 € : 1,19 = 10,50 Euro

Ergebnis: 10,50 €

Hinweis: Haben Sie als Ergebnis **10,12 Euro**?

Dann haben auch Sie den „klassischen" Fehler gemacht. Sie haben 19 Prozent von 12,50 Euro ausgerechnet (= 2,38 Euro) und diesen Betrag von 12,50 Euro abgezogen. Das ist falsch, da Sie beim Bruttorechnungsbetrag von 100 % und nicht von 119 Prozent ausgegangen sind. Beim Rechnen immer überlegen, ob ein erhöhter oder verminderter Grundwert vorliegt. Sollten Sie unsicher sein, ob Ihr Ergebnis richtig ist, rechnen Sie die Aufgabe einfach noch mal rückwärts also:

10,12 Euro · 1,19 = 12,04 Euro falsch!

10,50 Euro · 1,19 = 12,50 Euro **richtig**!

1.1.7 Bruttorechnungsbetrag: 90,95 Euro
Mehrwertsteuer: 7 %
Nettorechnungsbetrag: 90,95 € : 1,07 = 85,00 Euro

Ergebnis: 85,00 €

1.1.8   Bruttorechnungsbetrag: 1.904,60 Euro
        Mehrwertsteuer: 7 %
        Nettorechnungsbetrag: 1.904,60 € : 1,07 = 1.780,00 Euro

Ergebnis: 1.780,00 €

1.1.9   Bruttorechnungsbetrag: 999,00 Euro
        Mehrwertsteuer: 19 %
        Nettorechnungsbetrag: 999,00 € : 1,19 = 839,50 Euro

Ergebnis: 839,50 €

1.1.10   Bruttorechnungsbetrag: 14.800,00 Euro
        Mehrwertsteuer: 19 %
        Nettorechnungsbetrag: 14.800,00 € : 1,19 = 12.436,97 Euro

Ergebnis: 12.436,97 €

Berechnung des Mehrwertsteuersatzes

1.1.11   Bruttorechnungsbetrag: 1.048,60 Euro
        Nettorechnungsbetrag: 980,00 Euro
        Mehrwertsteuersatz: ?

Hinweis: *Zugegeben, bei der Mehrwertsteuer gibt es eigentlich nur zwei mögliche Lösungen, nämlich 7 Prozent und 19 Prozent. Trotzdem sollten Sie wissen, wie diese Art von Aufgabenstellung gelöst werden.*

Gegeben sind in diesem Fall ein Grundwert und ein um den gesuchten Prozentsatz vermehrter Grundwert. Um die gegebenen Werte mit der Prozentrechenformel auszurechnen, fehlt der Prozentwert (= Mehrwertsteuerbetrag). Dieser lässt sich aber ganz einfach ermitteln, indem Sie den Nettorechnungsbetrag vom Bruttorechnungsbetrag abziehen.

Mehrwertsteuerbetrag = 1.048,60 – 980,00 = 68,60 Euro

Jetzt können Sie die Werte in die entsprechende Formel einsetzen. Beachten Sie dabei, dass der Nettorechnungsbetrag der „richtige" Bezugswert ist und nicht der Bruttorechnungsbetrag.

Formel:

$$\text{Prozentsatz} = \frac{\text{Prozentwert} \cdot 100\ \%}{\text{Grundwert}}$$

Für den Mehrwertsteuersatz bedeutet das:

$$\text{Mehrwertsteuersatz} = \frac{\text{Mehrwertsteuerbetrag} \cdot 100\ \%}{\text{Nettorechnungsbetrag}}$$

Rechnung

$$\text{Prozentsatz} = \frac{68{,}60\ \text{\euro} \cdot 100\%}{980{,}00\ \text{\euro}} = 7\ \%\ \text{Mehrwertsteuersatz}$$

Ergebnis: 7 %

Hinweis: War Ihr Ergebnis vielleicht 6,5 %?

Wahrscheinlich war Ihnen schon klar, dass Sie sich irgendwie verrechnet haben, weil es einen Mehrwertsteuersatz von 6,5 % nicht gibt. Aber was haben Sie falsch gemacht? Sie haben den falschen Wert als Basis genommen. Statt durch den Nettorechnungsbetrag haben Sie durch den Bruttorechnungsbetrag geteilt. Grundlage für diese Berechnung ist aber immer der Wert, der 100 % entspricht, also der Nettorechnungsbetrag.

1.1.12   Bruttorechnungsbetrag: 128,00 Euro   Nebenrechnung: 128 € – 20,44 € = 107,56 €
Mehrwertsteuerbetrag: 20,44 Euro
Mehrwertsteuersatz: (20,44 € · 100 %) : 107,56 € = 19 %

Ergebnis: 19 %

Berechnung des Bruttorechnungsbetrages unter Beachtung von Rabatt

1.1.13 Nettorechnungsbetrag: 100,00 Euro
        Kundenrabatt: 10 %
        Mehrwertsteuer: 19 %
        Bruttorechnungsbetrag: ?

Hinweis: Spielt es in diesem Fall eigentlich eine Rolle, ob Sie den Rabatt vom Nettorechnungsbetrag abziehen oder vom Bruttorechnungsbetrag? Nein, auf das Ergebnis hat das keinerlei Einfluss. Egal ob Sie erst den Rabatt abziehen und auf diesen Betrag die Mehrwertsteuer berechnen oder umgekehrt, erst die Mehrwertsteuer berechnen und dann den Rabatt abziehen, das Ergebnis ist das Gleiche.

Buchhalterisch ist es sicherlich sinnvoll, erst den Rabatt vom Nettorechnungsbetrag abzuziehen und dann die Mehrwertsteuer zu berechnen, da der ausgewiesene Mehrwertsteuerbetrag dann auch direkt dem zu verrechnenden Mehrwertsteuerbetrag entspricht.

Trotzdem zeigen wir einmal, dass beide Rechenarten zum gleichen Ergebnis führen.

Rechnung

1. Alternative

Bruttorechnungsbetrag = Nettorechnungsbetrag – Rabatt + Mehrwertsteuer
Nettorechnungsbetrag – Rabatt = 100,00 € · 0,9 = 90,00 Euro
Bruttorechnungsbetrag = 90,00 € · 1,19 = 107,10 Euro

2. Alternative

Bruttorechnungsbetrag = Nettorechnungsbetrag + Mehrwertsteuer – Rabatt
Nettorechnungsbetrag + Mehrwertsteuer = 100,00 € · 1,19 = 119,00 Euro
Bruttorechnungsbetrag = 119,00 € · 0,9 = 107,10 Euro

Achtung: *Wichtig bei der direkten Rabattberechnung ist, dass Sie den Rabattsatz von 100 abziehen, bevor Sie damit multiplizieren.*
        Also 10 % Rabatt = 100 % – 10 % = 90 % : 100 % = 0,9 oder
        25 % Rabatt = 100 % – 25 % = 75 % : 100 % = 0,75

Ergebnis: 107,10 €

Berechnung des Zielverkaufspreises unter Beachtung von Rabatt

1.1.14 Bruttorechnungsbetrag: 99,00 Euro
Mehrwertsteuer: 19 %
Kundenrabatt: 5 %
Zielverkaufspreis: ?

Hinweis: *Jetzt wird es schon ein wenig komplizierter, da der Bruttorechnungsbetrag dem Zielverkaufspreis plus Rabatt plus Umsatzsteuer entspricht. Das heißt, Sie müssen zuerst den Nettoverkaufspreis errechnen (Bruttorechnungsbetrag – Mehrwertsteuer) und dann den Zielverkaufspreis, indem Sie den Rabatt vom Nettoverkaufspreis abziehen.*

Zielverkaufspreis
+ Kundenrabatt
= Nettoverkaufspreis
+ Mehrwertsteuer
Bruttoverkaufspreis

Rechnung

1. Schritt: Berechnen des Nettoverkaufspreises

Nettoverkaufspreis = Bruttorechnungsbetrag : 1,19 = 99 € : 1,19 = 83,19 Euro

2. Schritt: Berechnen des Zielverkaufspreises

Zielverkaufspreis = Nettoverkaufspreis · 0,95 = 83,19 € · 0,95 = 79,03 Euro

Zur Kontrolle:

Zielverkaufspreis = Nettoverkaufspreis · 0,95 = 83,19 € · 0,95 = 79,03 Euro
Bruttoverkaufspreis = Nettoverkaufspreis · 1,19 = 83,19 € · 1,19 = 98,996 = 99,00 Euro

Ergebnis: 79,03 €

1.2 Skonto

Mathematische Grundlage zur Berechnung von Skonti, Brutto- oder Nettorechnungsbeträgen und Skontosätzen ist, wie schon bei der Mehrwertsteuer, die Prozentrechnung. Auch die Aufgaben rund ums Skonto lassen sich mit den Formeln der Prozentrechnung lösen. Hier ist wichtig, dass Sie daran denken, dass der Rechnungsbetrag 100 % entspricht und der Überweisungsbetrag 100 % minus Skontosatz d. h. bei einem Skontosatz von 2 Prozent 98 Prozent.

1.2.1   Rechnungsbetrag: 1.280,00 Euro
       Skontosatz: 2 %
       Überweisungsbetrag: ?

Rechnung

Langer Weg:

1. Schritt: Berechnen des Skontobetrages

$$\text{Skontobetrag} = \frac{1.280,00 \; € \cdot 2 \; \%}{100 \; \%} = 25,60 \; \text{Euro}$$

2. Schritt: Berechnen des Überweisungsbetrags

Überweisungsbetrag = 1.280,00 € − 25,60 € = 1.254,40 Euro

oder direkt kürzer:

Überweisungsbetrag = 1.280,00 € · 0,98 = 1.254,40 Euro

Ergebnis: 1.254,40 €

1.2.2   Rechnungsbetrag: 22,90 Euro
       Skontosatz: 2,5 %
       Überweisungsbetrag: 22,90 € · 0,975 = 22,33 Euro

Ergebnis: 22,33 €

1.2.3	Rechnungsbetrag:	99,00 Euro
	Skontosatz:	3 %
	Überweisungsbetrag:	99,00 € · 0,97 = 96,03 Euro

Ergebnis: 96,03 €

Berechnung des Rechnungsbetrages

An sich ist die Rechnung ganz einfach, aber auch hier lauert wieder eine Gefahrenquelle. Wichtig beim Rechnen ist, dass Sie wissen, dass der Überweisungsbetrag nicht 100 % sondern 100 % minus Skontosatz entspricht, im unten stehenden Beispiel also 98 %.

Formel:

> Rechnungsbetrag = Überweisungsbetrag : (1 − (Skontosatz : 100 %))

1.2.4	Skontosatz:	2 %
	Überweisungsbetrag:	12.544,00 Euro
	Rechnungsbetrag:	12.544,00 € : 0,98 = 12.800,00 Euro

Ergebnis: 12.800,00 €

1.2.5	Skontosatz:	2,5 %
	Überweisungsbetrag:	58,40 Euro
	Rechnungsbetrag:	58,40 € : 0,975 = 59,90 Euro

Ergebnis: 59,90 €

1.2.6	Skontosatz:	3 %
	Überweisungsbetrag:	13.095,00 Euro
	Rechnungsbetrag:	13.095,00 € : 0,97 = 13.500,00 Euro

Ergebnis: 13.500,00 €

1.2.7	Skontosatz:	3 %
	Überweisungsbetrag:	96,99 Euro
	Rechnungsbetrag:	96,99 € : 0,97 = 99,99 Euro

Ergebnis: 99,99 €

Berechnung des Skontosatzes

Der Skontosatz wird mit folgender Formel errechnet:

$$\text{Skontosatz} = \frac{\text{Skontobetrag} \cdot 100\ \%}{\text{Bruttorechnungsbetrag}}$$

Bei der Berechnung des Skontosatz ist es wichtig darauf zu achten, dass wirklich der Brutto-rechnungsbetrag gegeben ist und nicht der um Skonto verminderte Überweisungsbetrag. Ist nur der Überweisungsbetrag gegeben, muss erst der Bruttorechnungsbetrag errechnet werden.

1.2.8 Rechnungsbetrag: 99,00 Euro
       Skontobetrag: 1,98 Euro
       Skontosatz: ?

Rechnung

$$\text{Skontosatz} = \frac{\text{Skontobetrag} \cdot 100\ \%}{\text{Bruttorechnungsbetrag}} = \frac{1,98\ € \cdot 100\ \%}{99\ €} = 2\ \text{Prozent}$$

Ergebnis: 2 %

1.2.9 Rechnungsbetrag: 1.290,00 Euro
       Skontobetrag: 38,70 Euro
       Skontosatz: (38,70 € · 100 %) : 1.290,00 € = 3 Prozent

       Ergebnis: 3 %

1.2.10 Überweisungsbetrag: 53,62 Euro
Skontobetrag: 1,38 Euro
Skontosatz: ?

Rechnung

Achtung: Bei dieser Aufgabe muss erst der Bruttorechnungsbetrag berechnet werden:

Bruttorechnungsbetrag = 53,62 € + 1,38 € = 55,00 Euro

Skontosatz = (1,38 € · 100 %) : 55 € = 2,509 = 2,5 Prozent

Hinweis: Würde das Ergebnis mit zwei Stellen hinter dem Komma angegeben, müsste es kaufmännisch korrekt gerundet mit 2,51 Prozent angegeben sein. Skontosätze werden aber eigentlich immer in 50iger (z.B. 2,0, 2,5 oder 3,0 Prozent) oder max. 5er Schritten (z. B. 2,75 Prozent) angegeben. Daher wäre hier 2,5 Prozent die richtige Lösung.

Ergebnis: 2,5 %

Ist Ihr Ergebnis vielleicht 2,6 oder 2,57? *Dann haben Sie den Fehler gemacht und den Skontobetrag durch den Überweisungsbetrag geteilt. Ein solches Ergebnis sollte Sie an sich stutzig machen, da es, wie oben beschrieben, solche Skontosätze in der Praxis eigentlich nicht gibt.*

1.2.11 Überweisungsbetrag: 1.088,78 Euro
Bruttorechnungsbetrag: 1.088,78 € + 22,22 € = 1.111,00 Euro
Skontobetrag: 22,22 Euro
Skontosatz: (22,22 € · 100 %) : 1.111,00 € = 2,0 Prozent

Ergebnis: 2,0 %

1.2.12 Rechnungsbetrag: 12,80 Euro
Überweisungsbetrag: 12,54 Euro
Skontosatz: ?

Rechnung

Bei dieser Rechenaufgabe müssen Sie zuerst den Skontobetrag berechnen:

Skontobetrag = 12,80 € − 12, 54 € = 0,26 Euro

Skontosatz = (0,26 € · 100 %) : 12,80 € = 2,0 Prozent

Ergebnis: 2,0 %

1.2.13 Rechnungsbetrag: 120.400,00 Euro
Überweisungsbetrag: 117.390,00 Euro
Skontobetrag: 120.400,00 € − 117.390,00 € = 3.010,00 Euro
Skontosatz: (3.010,00 € · 100 %) : 120.400,00 € = 2,5 Prozent

Ergebnis: 2,5 %

1.3. Zinsrechnung

Die Zinsrechnung hat viel Ähnlichkeit mit der Prozentrechnung, nur das hier neben dem Zinssatz (Prozentsatz), den Zinsen (Prozentwert) und dem Kapital (Grundwert) mit der Zeit noch eine weitere Größe hinzukommt.

Die Zinsen lassen sich mit der folgenden Formel berechnen:

Z = Zinsen
K = Kapital
p = Zinssatz
t = Zeit

$$\text{Zinsen (Z)} = \frac{K \cdot p \cdot t}{360 \cdot 100\ \%}$$

Es gibt verschiedene Zinsmethoden, die sich nur durch die unterschiedliche Berechnung der Zeit unterscheiden. Bei der **kaufmännischen Zinsmethode** *wird jeder Monat mit 30 Tagen und das Jahr mit 360 Tagen gerechnet. Bei der Berechnung der Zeit wird der Tag der Einzahlung nicht mitgerechnet dafür aber der Tag der Fälligkeit. Ist der Tag der Fälligkeit der 28. bzw. 29. Februar, wird der Februar nur mit 28 bzw. 29 Tagen gerechnet. Ist der Tag der Fälligkeit aber der 1. März, wird auch der Februar mit 30 Tagen gerechnet.*

Berechnung der Zinsen

1.3.1 Kapital: 120.000,00 Euro
           Zinssatz: 12,5 %
           Tage: 90
           Zinsen: ?

Rechnung

$$\text{Zinsen (Z)} = \frac{K \cdot p \cdot t}{100\ \% \cdot 360} = \frac{120.000,00\ € \cdot 12,5\ \% \cdot 90\ \text{Tage}}{100\ \% \cdot 360\ \text{Tage}} = 3.750,00\ \text{Euro}$$

Ergebnis: 3.750,00 €

1.3.2 Kapital: 50.000,00 Euro
Zinssatz: 8,5 %
Zeitraum: 15.03. − 20.08. eines Jahres
Zinsen: ?

Rechnung

Berechnung der Zeit:

März:	15 Tage
April:	30 Tage
Mai:	30 Tage
Juni:	30 Tage
Juli:	30 Tage
August:	20 Tage
Gesamt:	155 Tage

$$\text{Zinsen (Z)} = \frac{50.000,00 \text{ €} \cdot 8,5 \text{ %} \cdot 155 \text{ Tage}}{360 \text{ Tage} \cdot 100 \text{ %}} = 1.829,86 \text{ Euro}$$

Ergebnis: 1.829,86 €

1.3.3 Kapital: 12.000,00 Euro
Zinssatz: 2,5 %
Zeitraum: 1.1. − 15.8. = 29 Tage + 6 · 30 Tage + 15 Tage = 224 Tage
Zinsen: ?

Rechnung

$$\text{Zinsen (Z)} = \frac{12.000,00 \text{ €} \cdot 2,5 \text{ %} \cdot 224 \text{ Tage}}{360 \text{ Tage} \cdot 100 \text{ %}} = 186,67 \text{ Euro}$$

Ergebnis: 186,67 €

Berechnung des Kapitals

Die auf Seite 55 beschriebene Zinsformel kann wie folgt nach K umgeformt werden:

$$\text{Kapital (K)} = \frac{Z \cdot 100\ \% \cdot 360}{p \cdot t}$$

1.3.4 Zinssatz: 9,5 %
Tage: 90
Zinsen: 855,00 Euro
Kapital: ?

Rechnung

$$\text{Kapital (K)} = \frac{Z \cdot 100\ \% \cdot 360}{p \cdot t} = \frac{855,00\ € \cdot 100\ \% \cdot 360\ \text{Tage}}{9,5\ \% \cdot 90\ \text{Tage}} = 36.000,00\ \text{Euro}$$

Ergebnis: 36.000,00 €

1.3.5 Zinssatz: 12,5 %
Zeitraum: 16.3. − 1.9. = 14 + 5 · 30 + 1 = 165 Tage
Zinsen: 859,38 Euro
Kapital: ?

Rechnung

$$\text{Kapital (K)} = \frac{859,38\ € \cdot 100\ \% \cdot 360\ \text{Tage}}{12,5\ \% \cdot 165\ \text{Tage}} = 15.000,09 \approx 15.000,00\ \text{Euro}$$

Ergebnis: 15.000,00 €

1.3.6 Zinssatz: 6,80 %
Zeitraum: 15.9. − 31.12. = 15 + 2 · 30 + 30 = 105 Tage
Zinsen: 595,00 Euro
Kapital: ?

Rechnung

$$\text{Kapital (K)} = \frac{595,00\ € \cdot 100\ \% \cdot 360\ \text{Tage}}{6,80\ \% \cdot 105\ \text{Tage}} = 30.000,00\ €$$

Ergebnis: 30.000,00 €

Berechnung des Zinssatzes

Die auf Seite 55 beschriebene Zinsformel kann wie folgt nach p umgeformt werden:

$$\text{Zinssatz (p)} = \frac{Z \cdot 100\ \% \cdot 360}{K \cdot t}$$

1.3.7 Kapital: 25.000,00 Euro
Tage: 80
Zinsen: 666,67 Euro
Zinssatz: ?

Rechnung

$$\text{Zinssatz (p)} = \frac{Z \cdot 100\ \% \cdot 360}{K \cdot t} = \frac{666,67\ € \cdot 100\ \% \cdot 360\ \text{Tage}}{25.000,00\ € \cdot 80\ \text{Tage}} = 12,0\ \text{Prozent}$$

Ergebnis: 12,0 %

1.3.8 Kapital: 9.000,00 Euro
Zeitraum: 5.1. – 1.3. = 25 + 30 + 1 = 56 Tage
Zinsen: 77,00 Euro
Zinssatz: ?

Rechnung

$$\text{Zinssatz (p)} = \frac{77,00\ € \cdot 100\ \% \cdot 360\ \text{Tage}}{9.000,00\ € \cdot 56\ \text{Tage}} = 5,5\ \text{Prozent}$$

Ergebnis: 5,5 %

1.3.9 Kapital: 45.000,00 Euro
Zeitraum: 2.1. – 28.2. = 28 + 28 = 56 Tage
Zinsen: 420,00 Euro
Zinssatz: ?

Rechnung

$$\text{Zinssatz (p)} = \frac{420,00\ € \cdot 100\ \% \cdot 360\ \text{Tage}}{45.000,00\ € \cdot 56\ \text{Tage}} = 6,0\ \text{Prozent}$$

Ergebnis: 6,0 %

Berechnung der Zeit

Die auf Seite 55 beschriebene Zinsformel kann wie folgt nach t umgeformt werden:

$$\text{Zeit (t)} = \frac{Z \cdot 100\,\% \cdot 360}{K \cdot p}$$

Hinweis: *Genau auf die Fragestellung achten.*
Ist nach Monaten statt nach Tagen gefragt, entweder die 360 in der Formel durch 12 ersetzen, oder die Tage durch 30 teilen!

1.3.10 Kapital: 220.000,00 Euro
Zinssatz: 4,5 %
Zinsen: 3.300,00 Euro
Monate: ?

Rechnung

$$\text{Zeit (t)} = \frac{Z \cdot 100\,\% \cdot 360}{K \cdot p} = \frac{3.300,00\,€ \cdot 100\,\% \cdot 12\,\text{Monate}}{220.000,00\,€ \cdot 4,5\,\%} = 4\,\text{Monate}$$

Ergebnis: 4 Monate

1.3.11 Kapital: 125.000,00 Euro
Zinssatz: 9,8 %
Zinsen: 2.450,00 Euro
Tage: ?

Rechnung

$$\text{Zeit (t)} = \frac{2.450,00\,€ \cdot 100\,\% \cdot 360\,\text{Tage}}{125.000,00\,€ \cdot 9,8\,\%} = 72\,\text{Tage}$$

Ergebnis: 72 Tage

1.4. Währungsrechnung

Währung		Devisenkurse		Sortenkurse	
		Geld	**Brief**	**Verkauf**	**Ankauf**
USA	$	1,4574	1,4634	1,3966	1,5409
Japan	Yen	132,5400	133,0200	126,4341	140,3862
Großbrit.	((Pfund))	0,8728	0,8768	0,8363	0,9217
Schweiz	Sfr	1,5117	1,5157	1,4507	1,5965
Kanada	kan-$	1,5640	1,5774	1,4991	1,6652

Die Wechselkurse für Fremdwährungen (Devisen und Sorten) werden an der deutschen Börse in Euro notiert. Der Wechselkurs gibt an, welche Menge der Fremdwährung man für einen Euro erhält.

Umrechnung eines Fremdwährungsbetrages in Euro (Notierung in Euro)
Fremdwährungsbetrag : Wechselkurs

Umrechnung eines Euro-Betrags in eine Fremdwährung (Notierung in Euro)
Eurobetrag · Wechselkurs

Vorsicht: *Die oben stehenden Formeln gelten nur bei einer Notierung in Euro, das heißt, wenn angegeben ist, wie viel Fremdwährung Sie für einen Euro bekommen. Sollte die Kursnotierung umgekehrt angegeben sein, z. B. wie viel Euro Sie für einen Dollar bekommen, so müssen Sie umgekehrt rechnen.*

1.4.1 Betrag: 180,00 €
        Kurs: Briefkurs
        Währung: Sfr
        Betrag in: ?

Rechnung

Fremdwährungsbetrag = Eurobetrag · Wechselkurs = 180,00 € · 1,5157 = 272,83 Sfr

Ergebnis: 272,83 Sfr

1.4.2 Betrag: 1.240,00 €
Kurs: Verkaufskurs
Währung: $
Betrag in: ?

Rechnung

Fremdwährungsbetrag = 1.240,00 € · 1,3966 = 1.731,78 $

Ergebnis: 1.731,78 $

1.4.3 Betrag: 11.000,00 Yen
Kurs: Geldkurs
Währung: Euro
Betrag in: ?

Rechnung

Eurobetrag = Fremdwährungsbetrag : Wechselkurs
           = 11.000,00 Yen : 132,5400 = 82,99 Euro

Ergebnis: 82,99 €

1.4.4 Betrag: 189,00 $
Kurs: Briefkurs
Währung: Euro
Betrag in: ?

Rechnung

Eurobetrag = 189,00 $: 1,4634 = 129,15 Euro

Ergebnis: 129,15 €

Ermittlung des richtigen Kurses

Die eigentliche Währungsrechnung ist nicht schwierig. Jedoch wird in vielen Textaufgaben nicht der Kurs angegeben mit dem gerechnet werden muss, sondern nur der entsprechende Geschäftsfall, sodass die Ermittlung des richtigen Kurses mit zur Aufgabenstellung gehört.

Grundsätzlich wird zwischen Sorten- und Devisenkursen unterschieden. Immer wenn es um bares Geld geht, müssen Sie mit einem der beiden Sortenkurse rechnen. Ein „klassischer Geschäftsfall" zu Sortenkursen ist „Der Kunde tauscht Geld am Bankschalter".

Geht es in der Aufgabenstellung um Buchgeld, also zum Beispiel um die Begleichung von Rechnungen durch Überweisung oder Scheck, dann müssen Sie mit einem der beiden Devisenkurse rechnen. Ein „typischer Geschäftsfall" zu einer Aufgabenstellung mit Devisenkursen ist „Der Kunde begleicht eine Rechnung per Überweisung".

Deutlich schwieriger ist die Unterscheidung von An- und Verkaufskurs bzw. Geld- und Briefkurs. Zahlen Sie zum Beispiel eine Rechnung in Fremdwährung, müssen Sie den Geldkurs nehmen. Erhalten Sie eine Zahlung in einer Fremdwährung, würde mit dem Briefkurs gerechnet.

Sollten Sie unsicher sein, mit welchem Kurs Sie rechnen müssen, gibt es eine ganz einfache Merkhilfe. **„Es ist immer der Kurs richtig, bei dem Sie mehr Geld zahlen müssen, bzw. weniger Geld bekommen".** *Notfalls rechnen Sie einfach mit beiden Kursen und entscheiden sich dann für das Ergebnis, bei dem Sie oder der, aus dessen Sicht Sie die Aufgabe rechnen, weniger bekommt, bzw. mehr zahlen muss.*

Aufgabenstellung	Kurs bei Mengennotierung z. B. 1 € = X $
Sie zahlen eine Rechnung in Fremdwährung	**Geldkurs** Euro-Betrag · Geldkurs
Sie erhalten eine Zahlung in Fremdwährung	**Briefkurs** Euro-Betrag : Briefkurs
Sie tauschen Euro in eine Fremdwährung	**Verkaufskurs** (Kursstellung aus Sicht des Kunden) Euro-Betrag · Verkaufskurs
Sie tauschen eine Fremdwährung in Euro	**Ankaufskurs** (Kursstellung aus Sicht des Kunden) Euro-Betrag : Ankaufskurs

		Devisenkurse		Sortenkurse	
Währung		**Geld**	**Brief**	**Verkauf**	**Ankauf**
USA	$	1,4574	1,4634	1,3966	1,5409
Japan	Yen	132,5400	133,0200	126,4341	140,3862
Großbrit.	((Pfund))	0,8728	0,8768	0,8363	0,9217
Schweiz	Sfr	1,5117	1,5157	1,4507	1,5965
Kanada	kan-$	1,5640	1,5774	1,4991	1,6652

1.4.5   Betrag: 235,00 Sfr
         Geschäftsfall: Kunde tauscht Sfr am Bankschalter (= Sortenkurs) in Euro
         Währung: Euro
         Kurs: Kunde tauscht Fremdwährung in Euro
                                = Ankaufskurs = 1 € = 1,5965 Sfr

Rechnung

Betrag in Sfr = 235,00 Sfr : 1,5965 = 147,20 Euro

Kontrolle: *235,00 Sfr : 1,4507 = 161,99 Euro.*
                  *Bei diesem Kurs würde der Kunde mehr Schweizer Franken von
der Bank bekommen. Nach der alten Faustregel, es gilt immer der
schlechtere Kurs, kann dieses Ergebnis also nicht stimmen.*

Ergebnis: 147,20 €

1.4.6   Betrag: 18.000,00 Dollar
         Geschäftsfall: Kunde erhält 18.000,00 $ für erbrachte Leistungen
                                 und lässt den Gegenwert auf seinem Konto
                                 gutschreiben (Gutschrift auf Konto = Devisenkurs)
         Währung: Euro
         Kurs: Kunde erhält Zahlung in Fremdwährung
                                = Briefkurs = 1 € = 1,4634 $

Rechnung

Betrag in $ = 18.000,00 $: 1,4634 = 12.300,12 Euro

Kontrolle: *18.000,00 $: 1,4574 = 12.350,76 Euro*
                  *Da der Kunde bei Anwendung des Briefkurses mehr Geld gutgeschrie-
ben bekäme, kann der Kurs nur falsch sein.*

Ergebnis: 12.300,12 €

1.4.7 Betrag: 300,00 Euro
Geschäftsfall: Kunde tauscht 300,00 Euro am Bankschalter in $
= Sortenkurs
Währung: $
Kurs: Kunde tauscht Euro in Fremdwährung
= Verkaufskurs = 1 € = 1,3966 $

Rechnung

Betrag in € = 300,00 € · 1,3966 = 418,98 $

Ergebnis: 418,98 $

1.4.8 Betrag: 180.000,00 Yen
Geschäftsfall: Rechnung im Gegenwert von 180.000,00 Yen muss
beglichen werden. Der Gegenwert wird dem Kunden
in Euro auf seinem Konto belastet.
Währung: Euro
Kurs: Kunde zahlt Rechnung in Fremdwährung
= Geldkurs = 1 € = 132,5400 Yen

Rechnung

Betrag in Yen = 180.000,00 Yen : 132,5400 = 1.358,08 Euro

Ergebnis: 1.358,08 €

1.5.

Abschreibungsmöglichkeiten für Unternehmen – die Besonderheiten 2007 bis 2010

Vor dem Aussetzen der degressiven Abschreibung im Jahre 2008 konnten bewegliche Wirtschaftsgüter des Anlagevermögens mit 30 % abgeschrieben werden. Im Rahmen des Konjunkturpakets I hat die Bundesregierung die degressive Abschreibungsmöglichkeit zeitlich befristet für zwei Jahre zum 1.1.2009 wieder eingeführt. Sie beträgt in den Jahren 2009 und 2010 maximal 25 Prozent. Für 2011 wird zurzeit ein Wegfall der degressiven Abschreibung diskutiert.

2007	2008	2009	2010	2011
30 %	ausgesetzt	25 %	25 %	Wegfall???

Geringwertige Wirtschaftsgüter sind ab 2008 nur noch dann sofort als Betriebsausgaben abzugsfähig, wenn ihre Anschaffungs- bzw. Herstellkosten 150 Euro nicht übersteigen. Betragen die Anschaffungskosten mehr als 150,00 Euro und bis 1.000,00 Euro, ist ein Sammelposten zu bilden.

Dieser Sammelposten wird Ende des Jahres gebildet und über 5 Jahre abgeschrieben, erstmalig bereits im Jahr der Anschaffung. Werden ein oder mehrere Wirtschaftsgüter dieses Sammelpostens verkauft oder weggeworfen, ändert sich die Abschreibungssumme nicht.

Ermitteln der linearen Abschreibungsbeträge:

> Abschreibungsbetrag pro Jahr = Anschaffungskosten : betriebliche Nutzungsdauer

1.5.1   Maschine, Nettoanschaffungswert: 36.000,00 Euro, betriebliche Nutzungsdauer 6 Jahre, lineare Abschreibung

Abschreibungsbetrag für das 3. Nutzungsjahr?

Rechnung

Linearer Abschreibungsbetrag = Anschaffungswert : Nutzungsdauer
= 36.000,00 € : 6 = 6.000,00 Euro

Hinweis: *Da die Abschreibungsbeträge von Jahr zu Jahr gleich bleiben, beträgt der Abschreibungsbetrag für das 3. Nutzungsjahr 6.000,00 Euro*

Ergebnis: 6.000,00 €

1.5.2   Fahrzeug, Nettoanschaffungswert 28.000 Euro, betriebliche Nutzungsdauer 5 Jahre, Anschaffung am 01.11.2010, lineare Abschreibung

Abschreibungsbetrag für 2010?

Vorsicht: Die Beträge werden monatsgenau ermittelt.

Rechnung

Abschreibungsbetrag pro Jahr =   28.000,00 € : 5 = 5.600,00 Euro

Abschreibungsbetrag für 2 Monate (Nov. und Dez. 2010) = (5.600 € : 12) · 2
= 933,33 Euro

Ergebnis: 933,33 €

1.5.3 Schreibtisch, Bruttorechnungsbetrag 440,80 Euro, Anschaffung am 5.01.2007, lineare Abschreibung, betriebliche Nutzungsdauer 4 Jahre

Abschreibungsbetrag für 2007?

> **Vorsicht die 1.:** *Grundlage für die Abschreibung sind die Anschaffungskosten. Zu den Anschaffungskosten zählen nur Nettowerte und niemals Bruttowerte. Das heißt, vor der Berechnung des Abschreibungsbetrags muss aus dem Bruttorechnungsbetrag erst die Mehrwertsteuer herausgerechnet werden.*

Rechnung

Nettoanschaffungswert = 440,80 € : 1,19 = 370,42 Euro

Abschreibungsbetrag 2007 = 370,42 Euro

> **Vorsicht die 2.:** *Anschaffungen mit einem Nettoanschaffungswert von nicht mehr als 410,00 Euro galten bis 31.12.2007 als geringwertige Wirtschaftsgüter und wurden komplett ohne Rücksicht auf den Zeitpunkt der Anschaffung im Jahr der Anschaffung abgeschrieben.*
>
> *Ab 2008 gilt für geringfügige Wirtschaftsgüter ein Betrag von 150,00 Euro.*

Ergebnis: 370,42 €

1.5.4 Schreibtisch, Bruttorechnungsbetrag 440,80 Euro, Anschaffung am 05.01.2010

Abschreibungsbetrag für 2010?

> **Vorsicht die 3.:** *Der Betrag für geringfügige Wirtschaftsgüter beträgt ab 2008 nicht mehr 410,00 Euro sondern 150,00 Euro. Für bewegliche Wirtschaftsgüter mit einem Anschaffungswert von mehr als 150,00 Euro und bis 1.000,00 Euro wird ein Sammelposten gebildet, der zwingend über 5 Jahre abgeschrieben werden muss.*

Rechnung

Nettoanschaffungswert = 440,80 € : 1,19 = 370,42 Euro

Abschreibungsbetrag pro Jahr: 370,42 € : 5 = 74,08 Euro

Ergebnis: 74,08 Euro

1.5.5 Notebook, Bruttorechnungsbetrag 1.586,88 Euro, Anschaffung am 25.03.2009, lineare Abschreibung, betriebliche Nutzungsdauer 3 Jahre.

Restbuchwert 31.12.2011?

Formeln:

Nettorechnungsbetrag = Bruttorechnungsbetrag : 1,19 Jährliche Abschreibungsbeträge = Nettorechnungsbetrag : Nutzungsdauer Monatsgenaue Abschreibung = (Jährliche Abschreibung : 12) · Anzahl verbleibender Monate Restbuchwert = Nettorechnungsbetrag − Abschreibung

Rechnung

Nettorechnungsbetrag = 1.586,88 € : 1,19 = 1.333,51 Euro

Jährlicher Abschreibungsbetrag = 1.333,51 € : 3 = 444,50 Euro

Abschreibungsbetrag 2009* = (444,50 € : 12) · 10 = 370,42 Euro

Restbuchwert 2009 = 1.333,51 € − 370,42 € = 963,09 Euro
Restbuchwert 2010 =   963,09 € − 444,50 € = 518,59 Euro
Restbuchwert 2011 =   518,59 € − 444,50 € = 74,09 Euro

* März – Dezember = 10 Monate

Ergebnis: 74,09 Euro

1.5.6 Maschine, Nettoanschaffungswert 54.000,00 Euro, Anschaffung am 8.11.2010, betriebliche Nutzungsdauer 5 Jahre, lineare Abschreibung

Wie hoch ist der buchhalterische Restwert der Maschine am Ende des 2. Jahres?

Restbuchwert 2010:

Jährlicher Abschreibungsbetrag:	54.000,00 € : 5 = 10.800,00
Abschreibung Nov. – Dez. 2010:	(10.800,00 € : 12) · 2 = 1.800,00 Euro
Restbuchwert 2010:	54.000,00 € − 1.800,00 € = 52.200,00 Euro

Restbuchwert 2011:	52.200,00 € − 10.800,00 € = 41.400,00 Euro

Ergebnis: 41.400,00 Euro

1.5.7 PKW, Nettoanschaffungswert 18.000,00 Euro, Anschaffung am 02.02.2008, betriebliche Nutzungsdauer 5 Jahre, lineare Abschreibung

Restbuchwert 2012?

Rechnung

Lineare Abschreibungsbeträge: 18.000,00 € : 5 = 3.600,00 Euro

Abschreibungsbetrag 2008 (3.600,00 € :12) · 11* = 3.300,00 Euro

* Februar – Dezember = 11 Monate

Restbuchwert 2008	18.000,00 € – 3.300,00 € =	14.700,00 Euro
Restbuchwert 2009	14.700,00 € – 3.600,00 € =	11.100,00 Euro
Restbuchwert 2010	11.100,00 € – 3.600,00 € =	7.500,00 Euro
Restbuchwert 2011	7.500,00 € – 3.600,00 € =	3.900,00 Euro
Restbuchwert 2012	3.900,00 € – 3.600,00 € =	300,00 Euro

Ergebnis: 300,00 Euro

1.5.8 Bürostuhl, Bruttoanschaffungswert 166,00 Euro, Anschaffung am 12.02.2010

Abschreibungsbetrag für 2010?

Rechnung

Nettoanschaffungswert = Bruttoanschaffungswert : 1,19
Nettoanschaffungswert = 166,00 € : 1,19 = 139,50 €

Abschreibungsbetrag: 139,50 € da < 150,00 Euro und damit ein geringwertiges Wirtschaftsgut

Ergebnis: 139,50 €

1.5.9   10-bändiges Lexikon, Bruttoanschaffungswert 177,77 Euro, Anschaffung
03.01.2010, lineare Abschreibung.

Abschreibungsbetrag 2010?

Zugegeben, die Aufgabe ist ein bisschen fies. Die Mehrwertsteuer für Bücher
beträgt 7 Prozent!

Nettoanschaffungswert = 177,77 € : 1,07 = 166,14 Euro

Da der Wert über 150,00 Euro und unter 1.000,00 Euro liegt, muss für die
Anschaffungskosten ein Sammelposten gebildet werden, der zusammen mit allen
anderen Wirtschaftsgütern des Jahres mit Anschaffungskosten zwischen 150,00
Euro und 1.000,00 Euro über 5 Jahre abgeschrieben wird.

Die anteilige Abschreibung für das Lexikon würde pro Jahr 166,14 € : 5 =
33,23 Euro betragen.

Ergebnis: 33,23 €

1.6. Kalkulation

Ergänzen Sie die jeweils fehlenden Beträge in den nachstehenden Kalkulationsschemata.

1.6.1

Bareinkaufspreis			33,20 €
+ Handlungskostenzuschlag	35 %	33,20 € · 0,35 =	11,62 €
Selbstkostenpreis			44,82 €
+ Gewinn	20 %	44,82 € · 0,20 =	8,96 €
Barverkaufspreis			53,78 €
+ Kundenrabatte	5 %	siehe 1)	2,83 €
Nettoverkaufspreis			56,61 €
+ Umsatzsteuer	19 %	56,61 € · 0,19 =	10,76 €
Bruttoverkaufspreis	a)		67,37 €

1) Nebenrechnung Kundenrabatt

Formeln:

$$\text{Nettoverkaufspreis} = \frac{\text{Barverkaufspreis} \cdot 100 \text{ \%}}{(100 \text{ \%} - \text{Kundenrabatt})}$$

$$\text{Kundenrabatt} = \text{Nettoverkaufspreis} - \text{Barverkaufspreis}$$

Rechnung

$$\text{Nettoverkaufspreis} = \frac{53,78 \text{ € } \cdot 100 \text{ \%}}{95 \text{ \%}} = 56,61 \text{ Euro} \quad oder \quad 53,78 \text{ € } : 0,95 = 56,61 \text{ Euro}$$

Kundenrabatt = 56,61 € – 53,78 € = 2,83 €

Hinweis: *Der Kunde zieht später die 5 % Rabatt vom Nettoverkaufspreis ab. Also entspricht der Barverkaufspreis 95 % des Nettoverkaufspreises und der Kundenrabatt ergibt sich aus der Differenz von Nettoverkaufspreis und Barverkaufspreis. Würde der Händler einfach nur 5 % auf den Barverkaufspreis rechnen (5 % von 53,78 = 2,69 €) würde er später, wenn der Kunde die 5 % abzieht, nicht den zuvor kalkulierten Barverkaufspreis erhalten, sondern entsprechend weniger (2,83 – 2,69 = 0,14 €). Die Kalkulation wäre damit nicht mehr stimmig.*

Ergebnis: a) 67,37 €

1.6.2

Bareinkaufspreis	a)		119,93 €
+ Bezugs- und Handlungskosten	38 %	119,93 € · 0,38 =	45,57 €
Selbstkostenpreis			165,50 €
+ Gewinn	b)	15,07 %	24,94 €
Barverkaufspreis			190,44 €
+ Kundenrabatte	10 %	211,60 € − 190,44 € =	21,16 €
Nettoverkaufspreis		190,44 € : 0,9 =	211,60 €
+ Umsatzsteuer	c) 19 %	211,60 € · 0,19 =	40,20 €
Bruttoverkaufspreis	d)		251,80 €

Nebenrechnung

zu a)   Bareinkaufspreis = Selbstkostenpreis − Bezugs- und Handlungskosten

        Selbstkostenpreis = 138 %
        Bareinkaufspreis =   100 % = 165,50 € : 1,38 = 119,93 Euro

zu b)   Gewinn in Euro = Barverkaufspreis − Selbstkostenpreis = 190,44 € − 165,50 €

$$= 24{,}94 \text{ €}$$

$$\text{Gewinn in \%} = \frac{\text{Gewinn in Euro} \cdot 100 \text{ \%}}{\text{Selbstkostenpreis}} = \frac{24{,}94 \text{ €} \cdot 100 \text{ \%}}{165{,}50 \text{ €}} = 15{,}07 \text{ \%}$$

Ergebnis: **a) 119,93 €**   **b) 15,07 %**   **c) 40,20 €**   **d) 251,80 €**

1.6.3

Bareinkaufspreis			1.200,00 €
+ Bezugs- und Handlungskosten	25 %		300,00 €
Selbstkostenpreis		a)	1.500,00 €
+ Gewinn	18 %		270,00 €
Barverkaufspreis			1.770,00 €
+ Kundenrabatte	10 %		196,67 €
Nettoverkaufspreis		1.770 € : 0,9 =	1.966,67 €
+ Umsatzsteuer	19 %	b) 1.966,67 € · 0,19 =	373,67 €
Bruttoverkaufspreis		c)	2.340,34 €

Nebenrechnung

zu a) 300,00 Euro   =   25 %
       Bareinkaufspreis   =   100 % = 300 € : 0,25 = 1.200,00 Euro
       Selbstkostenpreis = 1.200,00 € + 300,00 € = 1.500,00 Euro

Ergebnis: a) 1.500,00 €   b) 373,67 €   c) 2.340,34 €

1.6.4

Bareinkaufspreis		c)	120,51 €
+ Bezugs- und Handlungskosten			25,00 €
Selbstkostenpreis			145,51 €
+ Gewinn	12 %		17,46 €
Barverkaufspreis		b)	171,55 € · 0,95 = 162,97 €
+ Kundenrabatte	5 %		8,58 €
Nettoverkaufspreis		a)	204,14 € : 1,19 = 171,55 €
+ Umsatzsteuer	19 %		32,59 €
Bruttoverkaufspreis			204,14 €

Nebenrechnung

Achtung: Bei dieser Kalkulation muss rückwärts und damit mit erhöhten Grundwerten gerechnet werden.

zu a)

Nettoverkaufspreis = 204,14 € : 1,19 = 171,55 Euro
Umsatzsteuer =   171,55 € · 0,19 =   32,59 Euro
Kontrolle   204,14 Euro

zu b)

Barverkaufspreis =   171,55 € · 0,95 = 162,97 Euro
Kundenrabatte =   171,55 € · 0,05 =   8,58 Euro
Kontrolle: 171,55 Euro

zu c)

Selbstkostenpreis =   162,97 € : 1,12 = 145,51 Euro
Bareinkaufspreis =   145,51 € – 25,00 € = 120,51 Euro

Hinweis: *Wenn Sie noch Zeit übrig haben, rechnen Sie die gelöste Aufgabe einfach noch einmal anders herum, also vom Bareinkaufspreis zum Bruttoverkaufspreis. Geht die Rechnung auch in die andere Richtung auf, können Sie sicher sein, richtig gerechnet zu haben.*

Ergebnis: a) 171,55 €   b) 162,97 €   c) 120,51 €

1.6.5

Bareinkaufspreis			113,71 €
+ Bezugs- und Handlungskosten	22 %	b)	25,02 €
Selbstkostenpreis			138,73 €
+ Gewinn	20 %		27,75 €
Barverkaufspreis		a)	166,47 €*
+ Kundenrabatte	8 %		14,48 €
Nettoverkaufspreis			180,95 €
+ Umsatzsteuer	19 %		34,38 €
Bruttoverkaufspreis		c)	215,33 €

* Hier entsteht eine Rundungsdifferenz von einem Cent, je nachdem wie man rechnet. Siehe Rechnung zu a) und b).

zu a)

Barverkaufspreis:	180,95 € · 0,92 = 166,47 Euro
Kontrolle:	
Kundenrabatte:	180,95 € · 0,08 = 14,48 Euro
Nettoverkaufspreis:	180,95 Euro

zu b)

Selbstkostenpreis:	166,47 € : 1,20 = 138,73 Euro
Kontrolle:	
Gewinn:	138,73 € · 0,2 = 27,75 Euro
Barverkaufspreis:	166,48 Euro*

Bareinkaufspreis:	138,73 € : 1,22 = 113,71 Euro
Handlungskosten:	138,73 € – 113,71 € = 25,02 Euro

zu c)

Bruttoverkaufspreis: 180,95 € · 1,19   = 215,33 Euro

Kontrolle:
Umsatzsteuer: 180,95 € · 0,19   = 34,38 Euro
Bruttoverkaufspreis: 180,95 € + 34,38 € = 215,33 Euro

Ergebnis: a) 166,47 €   b) 25,02 €   c) 215,33 €

1.6.6

Listenpreis netto			1.000,00 €
– Lieferrabatt	5 %	1.000 € · 0,05 =	50,00 €
Zieleinkaufspreis			950,00 €
– Lieferskonto	2,5 %	950 € · 0,025 =	23,75 €
Bareinkaufspreis		a)	926,25 €
+ Bezugskosten			80,00 €
Bezugspreis			1.006,25 €
+ Handlungskosten	28 %	1.006,25 € · 0,28 =	281,75 €
Selbstkostenpreis		b)	1.288,00 €
+ Gewinn	18 %	1.288 € · 0,18 =	231,84 €
Barverkaufspreis			1.519,84 €
+ Kundenskonto	2 %	=	31,02 €
Zielverkaufspreis		c)	1.550,86 €
+ Kundenrabatt	3 %	=	47,96 €
Nettoverkaufspreis			1.598,82 €
+ Umsatzsteuer	19 %	1.598,82 € · 0,19 =	303,78 €
Bruttoverkaufpreis		d)	1.902,60 €

zu c)

Formeln:

Zielverkaufspreis	= Barverkaufspreis : 0,98
Nettoverkaufspreis	= Zielverkaufspreis : 0,97
Kundenskonto	= Zielverkaufspreis – Barverkaufspreis
Kundenrabatt	= Nettoverkaufspreis – Zielverkaufspreis

Rechnung

Zielverkaufspreis	= 1.519,84 € : 0,98 = 1.550,86 Euro
Kundenskonto	= 1.550,86 € – 1.519,84 € = 31,02 Euro

Nettoverkaufspreis	= 1.550,86 € : 0,97 = 1.598,82 Euro
Kundenrabatt	= 1.598,82 € – 1.550,86 € = 47,96 Euro

Hinweis: *Beim Skonto gilt, was auch schon bei den Kundenrabatten gilt. Skonto zieht der Kunde von Zielverkaufspreis ab, damit entspricht der Barverkaufspreis 98 % des Zielverkaufspreises. Einfach nur 2 % auf den Barverkaufspreis zu rechnen würde zu einem falschen Ergebnis führen.*

Ergebnis: a) 926,25 €   b) 1.288,00 €   c) 1.550,86 €   d) 1.902,60 €

1.6.7

Listenpreis netto		d)	1.929,51 € : 0,92 = 2.097,29 €	15. Schritt
– Lieferrabatt	8 %		2.097,29 € · 0,08 = 167,78 €	Kontrolle
Zieleinkaufspreis			1.890,92 € : 0,98 = 1.929,51 €	13. Schritt
– Lieferskonto	2 %	c)	1.929,51 € · 0,02 = 38,59 €	14. Schritt
Bareinkaufspreis			2.004,38 € : 1,06 = 1.890,92 €	11. Schritt
+ Bezugskosten	6 %		1.890,92 € · 0,06 = 113,46 €	12. Schritt
Bezugspreis			2.505,47 € : 1,25 = 2.004,38 €	9. Schritt
+ Handlungskosten	25 %	b)	2.004,38 € · 0,25 = 501,09* €	10. Schritt
Selbstkostenpreis			2.881,29 € : 1,15 = 2.505,47 €	7. Schritt
+ Gewinn	15 %		2.505,47 € · 0,15 = 375,82 €	8. Schritt
Barverkaufspreis			2.940,09 € · 0,98 = 2.881,29 €	6. Schritt
+ Kundenskonto	2 %	a)	2.940,09 € · 0,02 = 58,80 €	5. Schritt
Zielverkaufspreis			3.094,83 € · 0,95 = 2.940,09 €	4. Schritt
+ Kundenrabatt	5 %		3.094,83 € · 0,05 = 154,74 €	3. Schritt
Nettoverkaufspreis			3.682,85 € : 1,19 = 3.094,83 €	1. Schritt
+ Umsatzsteuer	19 %		3.094,83 € · 0,19 = 588,02 €	2. Schritt
Bruttoverkaufspreis			3.682,85 €	

Hinweis: Diese Aufgabe ist so gerechnet, dass zuerst immer der jeweilige Preis ausgerechnet wurde und dann die Werte wie Umsatzsteuer, Skonto oder die entsprechenden Kosten. Diese können natürlich auch ermittelt werden, indem man den gerade ausgerechneten Wert vom vorherigen Wert (also z. B. Nettoverkaufspreis – Bruttoverkaufspreis oder Selbstkostenpreis – Bezugspreis) abzieht. Wenn Sie sicher sein möchten, dass Ihr Ergebnis stimmt, dann rechnen Sie am besten auf beide Arten, erst prozentual und dann durch Addition. Stimmen beide Werte überein, ist das Ergebnis mit hoher Wahrscheinlichkeit richtig.

Ergebnis: a) 58,80 € b) 501,09 bzw. 501,10* € c) 38,59 € d) 2.097,29 €

* hier entsteht eine Rundungsdifferenz von einem Cent, je nachdem wie man rechnet

---

1.6.8

Fertigungsmaterial		125,00 €	
+ Materialgemeinkosten (20 %)	125,00 € · 0,2 =	25,00 €	
= Materialkosten	125,00 € + 25,00 € =	150,00 €	150,00 €
Fertigungslöhne		220,00 €	
+ Fertigungsgemeinkosten (120 %)	220,00 € · 1,2 =	264,00 €	
= Fertigungskosten	220,00 € + 264,00 € =	484,00 €	484,00 €
= Herstellkosten	150,00 € + 484,00 € =	a)	634,00 €
+ Verwaltungsgemeinkosten (8 %)	634,00 € · 0,08 =		50,72 €
+ Vertriebsgemeinkosten (15 %)	634,00 € · 0,15 =		95,10 €
= Selbstkosten	634,00 € + 50,72 € + 95,10 € =		779,82 €
+ Gewinn (18 %)	779,82 € · 0,18 =	b)	140,37 €
= Barverkaufspreis	779,82 € + 140,37 € =		920,19 €
+ Kundenskonto (2 %)	2) 938,97 € · 0,02 =		18,78 €
= Zielverkaufspreis	1) 920,19 € : 0,98 =		938,97 €
+ Kundenrabatte (20 %)	2) 1.173,71 € · 0,2 =		234,74 €
= Listenverkaufspreis netto	1) 938,97 € : 0,80 =	c)	1.173,71 €

Ergebnis: a) 634,00 € b) 140,37 € c) 1.173,71 €

1.6.9

Fertigungsmaterial		0,59 €	
+ Materialgemeinkosten (15 %)	0,59 € · 0,15 =	0,09 €	
= Materialkosten	0,59 € + 0,09 =	0,68 €	0,68 €
Fertigungslöhne		3,60 €	
+ Fertigungsgemeinkosten (180 %)	3,60 € · 1,8 =	6,48 €	
= Fertigungskosten	3,60 € + 6,48 € =		10,08 €
= Herstellkosten	0,68 € + 10,08 € =	a)	10,76 €
+ Verwaltungsgemeinkosten (12 %)	10,76 € · 0,12 =		1,29 €
= Selbstkosten	10,76 € + 1,29 € =		12,05 €
+ Gewinn (35 %)	12,05 € · 0,35 =	b)	4,22 €
= Barverkaufspreis	12,05 € + 4,22 € =		16,27 €
+ Kundenrabatte (15 %)	2) 19,14 € · 0,15 =		2,87 €
= Listenverkaufspreis netto	1) 16,27 € : 0,85 =	c)	19,14 €

Ergebnis: a) 10,76 €   b) 4,22 €   c) 19,14 €

1.6.10

Fertigungsmaterial		250,00 €	
+ Materialgemeinkosten (6 %)	250,00 € · 0,06 =	15,00 €	
= Materialkosten	250,00 € + 15,00 € =	265,00 €	265,00 €
Fertigungslöhne		180,00 €	
+ Fertigungsgemeinkosten (140 %)	180,00 € · 1,4 =	252,00 €	
= Fertigungskosten	180,00 € + 252,00 € =		432,00 €
Herstellkosten	265,00 € + 432,00 € =	a)	697,00 €
+ Verwaltungsgemeinkosten (8 %)	697,00 € · 0,08 =		55,76 €
+ Vertriebsgemeinkosten (15 %)	697,00 € · 0,15 =		104,55 €
= Selbstkosten	697,00 € + 55,76 € + 104,55 € =		857,31 €
+ Gewinn c) 14,31 %	980,00 € – 857,31 € =	b)	122,69 €
= Barverkaufspreis	1.000,00 € – 20,00 € =		980,00 €
+ Kundenskonto (2 %)	1.000,00 € · 0,02 =		20,00 €
= Zielverkaufspreis	1.250,00 € – 250,00 € =		1.000,00 €
+ Kundenrabatte (20 %)	1.250,00 € · 0,20 =		250.00 €
= Listenverkaufspreis netto			1.250,00 €

Zu c) Gewinn in % = (122,69 € : 857,31 €) · 100 % = 14,31 %

Ergebnis: a) 697,00 €   b) 122,69 €   c) 14,31 %

1.6.11

Fertigungsmaterial		53,00 €	
+ Materialgemeinkosten (12 %)	53,00 € · 0,12 =	6,36 €	
= Materialkosten	53,00 € + 6,36 € =	59,36 €	59,36 €
Fertigungslöhne		150,00 €	
+ Fertigungsgemeinkosten (120 %)	150,00 € · 1,2 =	180,00 €	
= Fertigungskosten	150,00 € + 180,00 € =	330,00 €	330,00 €
= Herstellkosten	59,36 € + 330,00 € =	389,36 €	a) 389,36 €
+ Verwaltungsgemeinkosten (10 %)	389,36 € · 0,1 =		38,94 €
+ Vertriebsgemeinkosten (8 %)	389,36 € · 0,08 =		31,15 €
+ Sondereinzelkosten des Vertriebs			4,50 €
= Selbstkosten	389,36 € + 38,94 € + 31,15 € + 4,50 € =		463,95 €
+ Gewinn c) 12 %	519,61 € − 463,95 € =		b) 55,66 €
= Barverkaufspreis	532,93 € − 13,32 € =		519,61 €
+ Kundenskonto (2,5 %)	532,93 € · 0,025 =		13,32 €
= Zielverkaufspreis	626,98 € − 94,05 € =		532,93 €
+ Kundenrabatte (15 %)	626,98 € · 0,15 =		94,05 €
= Listenverkaufspreis netto			626,98 €

c) Gewinn in % = (55,66 € : 463,95 €) · 100 % = 12 %

Ergebnis: a) 389,36 €   b) 55,66 €   c) 12 %

1.6.12

Fertigungsmaterial	53,57 € : 1,07 =	c) 50,07 €	
+ Materialgemeinkosten (7 %)	50,07 € · 0,07 =	3,50 €	
= Materialkosten	377,57 € − 324,00 € =	53,57 €	53,57 €
Fertigungslöhne		135,00 €	
+ Fertigungsgemeinkosten (140 %)	135,00 € · 1,4 =	189,00 €	
= Fertigungskosten	135,00 € + 189,00 € =	324,00 €	324,00 €
= Herstellkosten	[1] 456,86 € : 1,21 =		b) 377,57 €
+ Verwaltungsgemeinkosten (9 %)	[2] 377,57 € · 0,09 =		33,98 €
+ Vertriebsgemeinkosten (12 %)	[2] 377,57 € · 0,12 =		45,31 €
= Selbstkosten	[1] 539,10 € : 1,18 =		456,86 €
+ Gewinn (18 %)	[2] 539,10 € − 456,86 €* =		82,24* €
= Barverkaufspreis	599,00 € − 59,90 € =		a) 539,10 €
+ Kundenrabatte (10 %)	599,00 € · 0,10 =		59,90 €
= Listenverkaufspreis netto			599,00 €

* oder: 456,86 € · 0,18 = 82,23 €
  (hier gibt es eine Rundungsdifferenz, beide Ergebnisse wären richtig)

zu b) Herstellkosten = Selbstkosten − (Verwaltungsgemeinkosten 9 % +
       Vertriebsgemeinkosten 12 % (insgesamt 21 %))

zu c) Materialkosten = Herstellkosten − Fertigungskosten
       Materialkosten (107 %) = Fertigungsmaterial (100 %) − Materialgemeinkosten (7 %)
       Fertigungsmaterial = 53,57 € : 1,07 = 50,07 €

Ergebnis: a) 539,10 €   b) 377,57 €   c) 50,07 €

1.6.13

Fertigungsmaterial		2,10 €	
+ Materialgemeinkosten (6 %)	2,10 € · 0,06 =	0,13 €	
= Materialkosten	2,10 € + 0,13 € =	2,23 €	2,23 €
Fertigungslöhne	7,51 € : 1,8 = b)	4,17 €	
+ Fertigungsgemeinkosten (80 %)	4,17 € · 0,8 =	3,34 €	
= Fertigungskosten	9,74 € − 2,23 € =	7,51 €	7,51 €
= Herstellkosten	[1)] 10,91 € : 1,12 =		9 ,74 €
+ Verwaltungsgemeinkosten (7 %)	[2)] 9,74 € · 0,07 =		0,68 €
+ Vertriebsgemeinkosten (5 %)	[3)] 9,74 € · 0,05 =		0,49 €
= Selbstkosten	[1)] 12,00 € : 1,1 =	a)	10,91 €
+ Gewinn (10 %)	[2)] 10,91 € · 0,1 =		1,09 €
= Barverkaufspreis	12,25 € − 0,25 € =		12,00 €
+ Kundenskonto (2 %)	12,25 € · 0,02 =		0,25 €
= Zielverkaufspreis	12,90 € − 0,65 € =		12,25 €
+ Kundenrabatte (5 %)	12,90 € · 0,05 =		0,65 €
= Listenverkaufspreis netto			12,90 €

Zu b) 7,51 € = 100 % (Fertigungslöhne) + 80 % (Fertigungsgemeinkosten) = 180 %
      100 % = 7,51 € : 1,8 = 4,17 €

Ergebnis: a) 10,91 €   b) 4,17 €

2.1. Textaufgaben zur Mehrwertsteuer, Rabatten und Skonti

Eigentlich sind Textaufgaben nicht schwerer zu rechnen, als normale Rechenaufgaben, denn die Rechenarten und -wege sind die gleichen. Trotzdem fällt das Lösen von Textaufgaben vielen Menschen schwerer, als das Lösen einfacher Rechenaufgaben. Wichtig ist, dass Sie sich vor dem Lösen der Textaufgabe deutlich machen, welche Rechenart Sie anwenden müssen und welcher Wert im Text welchem Wert in der entsprechenden Formel entspricht. Es kann durchaus hilfreich sein, sich die wichtigen Zahlenwerte im Text zu markieren.

2.1.1

In einer Rechnung über Büroordner ist ein Mehrwertsteuerbetrag von 40,69 Euro (19 %) ausgewiesen. Sie haben insgesamt 50 Ordner bestellt.

a) Wie hoch ist der Bruttostückpreis eines Ordners?

Formeln:

$$\text{Nettorechnungsbetrag} = \frac{\text{Mehrwertsteuerbetrag} \cdot 100\,\%}{\text{Prozentsatz}}$$

oder

$$\text{Nettorechnungsbetrag} = \text{Mehrwertsteuerbetrag} : 0,19$$

$$\text{Bruttorechnungsbetrag} = \frac{\text{Nettorechnungsbetrag} \cdot 119\,\%}{100\,\%}$$

oder

$$\text{Bruttorechnungsbetrag} = \text{Nettorechnungsbetrag} \cdot 1,19$$

oder

$$\text{Bruttorechnungsbetrag} = \text{Nettorechnungsbetrag} + \text{Mehrwertsteuer}$$

Rechnung

1. Schritt: Nettorechnungsbetrag von 50 Ordnern

Mehrwertsteuerbetrag = 40,69 Euro
Prozentsatz = 19 %
Nettorechnungsbetrag = ?

$$\text{Nettorechnungsbetrag} = \frac{40,69 \,€ \cdot 100\,\%}{19\,\%} = 214,16 \,\text{Euro} \quad \text{oder} \quad 40,69 \,€ : 0,19 = 214,16 \,\text{Euro}$$

2. Schritt: Bruttorechnungsbetrag von 50 Ordnern

Bruttorechnungsbetrag = Nettorechnungsbetrag + Mehrwertsteuer
Bruttorechnungsbetrag = 214,16 € + 40,69 € = 254,85 Euro
oder
Bruttorechnungsbetrag = 214,16 € · 1,19 = 254,85 Euro

3. Schritt: Bruttostückpreis eines Ordners

Bruttostückpreis = Bruttorechnungsbetrag aller Ordner : 50
Bruttostückpreis = 254,85 € : 50 = 5,10 Euro

Ergebnis: 5,10 €

Hinweis: *Ist Ihr Ergebnis vielleicht **4,29 Euro**?*
             Dann haben Sie den Nettorechnungsbetrag mit dem Bruttorechnungsbetrag verwechselt. Ist ein Mehrwertsteuerbetrag angegeben, so ist der Grundwert dazu immer der Nettobetrag und nicht der Bruttobetrag.

b) Wie hoch ist der Nettostückpreis eines Ordners?

Die 5,10 Euro entsprechen einem erhöhten Grundwert von 119 %. Gesucht sind die 100 %.

Formel:

$$\text{Nettorechnungsbetrag} = \frac{\text{Bruttorechnungsbetrag} \cdot 100\ \%}{119\ \%}$$

$$oder$$

$$\text{Nettorechnungsbetrag} = \text{Bruttorechnungsbetrag} : 1,19$$

Rechnung

Bruttorechnungsbetrag = 5,10 Euro
Prozentsatz = 119 %

$$\text{Nettorechnungsbetrag} = \frac{5,10\ € \cdot 100\ \%}{119\ \%} = 4,29\ \text{Euro} \quad oder \quad 5,10\ € : 1,19 = 4,29\ \text{Euro}$$

Natürlich hätten Sie das in diesem Fall auch viel einfacher rechnen können, da wir den Nettorechnungsbetrag für alle 50 Ordner bereits unter a) ausgerechnet haben.

Vereinfacht: 214,16 € : 50 = 4,29 Euro

Ergebnis: 4,29 €

2.1.2

Sie haben zwei Lehrbücher für je 19,80 Euro (inkl. 7 % MwSt.) und eine Lernsoftware für 39,60 Euro (inkl. 19 % MwSt.) bei einem Verlag bestellt. Die Porto- und Verpackungskosten belaufen sich auf 5,40 Euro (inkl. 19 % MwSt.).

Über wie viel Euro lauten die ausgewiesenen Mehrwertsteuerbeträge (7 % und 19 % MwSt.)?

Formel:

$$\text{Nettorechnungsbetrag} = \frac{\text{Bruttorechnungsbetrag} \cdot 100 \%}{119 \% \ (107 \%)}$$

$$\text{Mehrwertsteuerbetrag} = \text{Bruttorechnungsbetrag} - \text{Nettorechnungsbetrag}$$

oder direkt

$$\text{Mehrwertsteuerbetrag} = \frac{\text{Bruttorechnungsbetrag} \cdot 19 \% \ (7 \%)}{119 \% \ (107 \%)}$$

Rechnung

1. Mehrwertsteuer Lehrbücher

$$\text{Nettorechnungsbetrag} = \frac{39,60 \ € \cdot 100 \%}{107 \%} = 37,01 \text{ Euro} \quad \text{oder} \quad 39,60 \ € : 1,07 = 37,01 \text{ Euro}$$

$$\text{Mehrwertsteuerbetrag} = 39,60 \ € - 37,01 \ € = 2,59 \text{ Euro} \quad \text{oder} \quad 37,01 \ € \cdot 0,07 = 2,59 \text{ Euro}$$

oder direkt

$$\text{Mehrwertsteuerbetrag} = \frac{39,60 \ € \cdot 7 \%}{107 \%} = 2,59 \text{ Euro}$$

2. Mehrwertsteuer Lernsoftware und Porto- und Verpackungskosten

Bruttorechnungsbetrag zzgl. Porto- und Verpackung = 39,60 € + 5,40 € = 45,00 Euro

$$\text{Mehrwertsteuerbetrag} = \frac{45,00 \ \text{€} \cdot 19 \ \%}{119 \ \%} = 7,18 \ \text{Euro}$$

Natürlich können Sie die Mehrwertsteuer der Lernsoftware und der Porto- und Verpackungskosten auch einzeln ausrechnen, das Ergebnis bleibt aber das Gleiche:

$$\text{Mehrwertsteuer Lernsoftware} = \frac{39,60 \ \text{€} \cdot 19 \ \%}{119 \ \%} = 6,32 \ \text{Euro}$$

$$\text{Mehrwertsteuer Porto- und Verpackungskosten} = \frac{5,40 \ \text{€} \cdot 19 \ \%}{119 \ \%} = 0,86 \ \text{Euro}$$

Mehrwertsteuer gesamt: 6,32 € + 0,86 € = 7,18 Euro

Ergebnis: 7 % = 2,59 €   19 % = 7,18 €

2.1.3

Sie haben Berufskleidung bestellt. Leider stellt sich heraus, dass einige Hosen bereits Flecken haben. Daher vereinbaren Sie mit dem Lieferant einen Rabatt von 10 %. Der Überweisungsbetrag für die 10 Hosen lautet über 193,19 Euro.

a) Über welchen Betrag lautet der ursprüngliche Bruttorechnungsbetrag?

Formeln:

> Zielverkaufspreis = Überweisungsbetrag : 1,19
> (Nettorechnungsbetrag – Rabatt)
>
> Nettorechnungsbetrag = Zielverkaufspreis : 0,9
> (ohne Rabatt)
>
> Bruttorechnungsbetrag (alt) = Nettorechnungsbetrag · 1,19

Rechnung

1. Schritt: Berechnung des ursprünglichen Bruttorechnungsbetrages

Überweisungsbetrag = Bruttorechnungsbetrag – 10 % Rabatt = 90 %

Bruttorechnungsbetrag = 193,19 € : 0,9 = 214,66 Euro

Ergebnis: 214,66 €

b) Wie hoch ist der sich durch den Rabatt ergebende Umsatzsteuerkorrekturbetrag? (19 % MwSt.)

Formel:

$$\text{Mehrwertsteuerbetrag} = \frac{\text{Bruttorechnungsbetrag} \cdot 19\,\%}{119\,\%}$$

Rechnung

1. Berechnung des Mehrwertsteuerbetrags

$$\text{Mehrwertsteuerbetrag (alt)} = \frac{214,66\,\text{€} \cdot 19\,\%}{119\,\%} = 34,27 \text{ Euro}$$

2. Berechnung des Mehrwertsteuerkorrekturbetrags

Mehrwertsteuerkorrekturbetrag = Mehrwertsteuerbetrag · 0,1 (Rabatt) = 34,27 € · 0,1 = 3,43 Euro

oder

Mehrwertsteuerkorrekturbetrag = Mehrwertsteuer (alt) – Mehrwertsteuer (neu)

Mehrwertsteuer (alt) =	34,27 Euro
Mehrwertsteuer (neu) = 162,34 € · 0,19 =	30,84 Euro
Korrekturbetrag	3,43 Euro

Ergebnis: 3,43 €

2.1.4

Sie haben der Meier OHG für den Verkauf einer gebrauchten Maschine 12.500,00 Euro netto in Rechnung gestellt. Die Meier OHG zahlt den Rechnungsbetrag unter Ausnutzung von 2 % Skonto.

a) Wie hoch war der in Rechnung gestellte Bruttowarenwert?

Formel:

$$\boxed{\text{Bruttowarenwert} = \text{Nettowarenwert} \cdot 1,19}$$

Rechnung

Bruttowarenwert = 12.500,00 € · 1,19 = 14.875,00 Euro

Ergebnis: 14.875,00 €

b) Über wie viel Euro müssen Sie eine Umsatzsteuerkorrekturbuchung vornehmen?

Formeln:

$$
\begin{array}{c}
\text{Umsatzsteuer} = \text{Bruttowarenwert} - \text{Nettowarenwert} \\[4pt]
oder \\[4pt]
\text{Umsatzsteuer} = \text{Nettowarenwert} \cdot 0,19 \\[4pt]
\text{Umsatzsteuerkorrekturbetrag} = \dfrac{\text{Umsatzsteuerbetrag} \cdot \text{Skonto}}{100\ \%} \\[4pt]
oder \\[4pt]
\text{Umsatzsteuerkorrekturbetrag} = \text{Umsatzsteuerbetrag} \cdot 0,02
\end{array}
$$

Rechnung

Bruttowarenwert = 14.875,00 Euro
– Nettowarenwert = 12.500,00 Euro
Umsatzsteuer = 2.375,00 Euro

oder 12.500,00 € · 0,19 = 2.375,00 Euro

$$\text{Umsatzsteuerkorrekturbetrag} = \frac{2.375,00\ € \cdot 2\ \%}{100\ \%} = 47,50\ \text{Euro}$$

oder 2.375,00 € · 0,02 = 47,50 Euro

oder

Überweisungsbetrag	= Bruttowarenwert · 0,98	
Überweisungsbetrag	= 14.875,00 € · 0,98	= 14.577,50 Euro
Netto	= 14.577,50 € : 1,19	= 12.250,00 Euro
Mehrwertsteuerbetrag	= 14.577,50 € – 12.250,00 € =	2.327,50 Euro

Korrekturbetrag = ursprüngliche Mehrwertsteuer – korrigierte Mehrwertsteuer
Korrekturbetrag = 2.375,00 € – 2.327,50 € = 47,50 Euro

Ergebnis: 47,50 €

2.1.5

Sie erhalten eine Rechnung über ein Lehrbuch in der fälschlicher Weise 19 % statt 7 % Mehrwertsteuer ausgewiesen sind. Der falsch ausgewiesene Mehrwertsteuerbetrag lautet über 4,76 Euro.

a) Über wie viel Euro lautet der Nettorechnungsbetrag für das Lehrbuch?

Formel:

> Nettorechnungsbetrag = Mehrwertsteuer : 0,19

Rechnung

Nettorechnungsbetrag = 4,76 € : 0,19 = 25,05 Euro

Ergebnis: 25,05 €

b) Wie viel Euro beträgt die korrekt ausgewiesene Mehrwertsteuer?

Formel:

> Mehrwertsteuer = Nettorechnungsbetrag · 0,07

Rechnung

Mehrwertsteuer = 25,05 € · 0,07 = 1,75 Euro

Ergebnis: 1,75 €

2.1.6

Sie haben im Monat März folgende Umsätze getätigt:

Lieferungen und sonstige Leistungen:	360.200,00 Euro
Einkauf von Waren und Dienstleistungen	93.000,00 Euro

Bei den angegebenen Werten handelt es sich um Nettowerte. Die von Ihnen gelieferten Waren und Dienstleistungen unterliegen alle einem Mehrwertsteuersatz von 19 %. Ein Sechstel der eingekauften Waren und Dienstleistungen unterliegt dem verminderten Mehrwertsteuersatz, alle anderen dem normalen Mehrwertsteuersatz.

a) Berechnen Sie die angefallene Vorsteuer für den Monat März.

Formeln:

$$\text{Vorsteuer} = \text{Nettowarenwert} \cdot 0,19$$
$$\text{Vorsteuer} = \text{Nettowarenwert} \cdot 0,07$$

Rechnung

Vorsteuer = eingekaufte Waren und Dienstleistungen

1. Vorsteuer 19 % = $\dfrac{5}{6}$ der Nettoumsätze = $\dfrac{93.000,00\ € \cdot 5}{6}$ = 77.500,00 Euro

Vorsteuer 19 % = 77.500,00 € · 0,19 = 14.725,00 Euro

2. Vorsteuer 7 % = $\dfrac{1}{6}$ der Nettoumsätze = 93.000,00 € : 6 = 15.500,00 Euro

Vorsteuer 7 % = 15.500,00 € · 0,07 = 1.085,00 Euro

Vorsteuer gesamt = Vorsteuer 19 % + Vorsteuer 7 %
Vorsteuer gesamt = 14.725,00 € + 1.085,00 € = 15.810,00 Euro

Ergebnis: 15.810,00 €

b) Berechnen Sie die an das Finanzamt zu überweisende Zahllast für den Monat März.

Formel:

$$\boxed{\text{Umsatzsteuer} = \text{Nettoumsätze} \cdot 0{,}19}$$

1. Umsatzsteuer

Umsatzsteuer = 360.200,00 € · 0,19 = 68.438,00 Euro

2. Zahllast

Zahllast = Umsatzsteuer − Vorsteuer
Zahllast = 68.438,00 € − 15.810,00 € = 52.628,00 Euro

Ergebnis: 52.628,00 €

c) Sie stellen fest, dass eine eingegangene Rechnung in Höhe von brutto 12.800,00 Euro (inkl. 19 % MwSt.) vergessen wurde zu buchen. Um wie viel Prozent verändert sich die errechnete Zahllast, wenn Sie diese Rechnung noch verbuchen?

Formeln:

$$\text{Mehrwertsteuer} = \frac{\text{Bruttobetrag} \cdot 19\ \%}{119\ \%}$$

$$\text{Prozentsatz} = \frac{\text{Mehrwertsteuer} \cdot 100\ \%}{\text{Nettobetrag}}$$

1. Mehrwertsteuer

$$\text{Mehrwertsteuer} = \frac{12.800,00\ € \cdot 19\ \%}{119\ \%} = 2.043{,}70\ \text{Euro}$$

2. Prozentuale Veränderung

$$\text{Prozentsatz} = \frac{2.043,70 \, € \cdot 100 \, \%}{52.628,00 \, €} = 3,88 \, \%$$

Ergebnis: 3,88 %

Hinweis: *Die Zahllast vermindert sich um 3,88 %.*

2.1.7

Sie erhalten eine Banküberweisung vom Kunden in Höhe von 2.528,40 Euro. Der Kunde hat die Rechnung unter Ausnutzung von 2 % Skonto bezahlt.

a) Über welchen Betrag lautete der ursprüngliche Rechnungsbetrag?

Formel:

$$\text{Ursprünglicher Rechnungsbetrag} = \frac{\text{Überweisungsbetrag} \cdot 100 \, \%}{98 \, \%}$$

Rechnung

urspr. Rechnungsbetrag = 2.528,40 € : 0,98 = 2.580,00 Euro

Ergebnis: 2.580,00 €

b) In welcher Höhe müssen Sie eine Umsatzsteuerkorrektur (Steuersatz 19 %) vornehmen?

Formeln:

$$\text{Mehrwertsteuer} = \frac{\text{Bruttorechnungsbetrag} \cdot 19 \, \%}{119 \, \%}$$

$$\text{Umsatzsteuerkorrekturbetrag} = \text{Mehrwertsteuerbetrag} \cdot 0,02 \, (\text{Skonto})$$

Rechnung

1. Mehrwertsteuer $= \dfrac{2.580,00 \, € \cdot 19 \, \%}{119 \, \%} = 411,93$ Euro

2. Mehrwertsteuerkorrekturbetrag $= 411,93 \, € \cdot 0,02 = 8,24$ Euro

Ergebnis: 8,24 €

c) Wie hoch ist der durch den Abzug von Skonto entstandene echte Mindererlös?

Formeln:

> Nettorechnungsbetrag = Bruttorechnungsbetrag : 1,19
>
> echte Mindererlös = Nettorechnungsbetrag – Nettoüberweisungsbetrag

Rechnung

1. Nettobeträge

Nettoüberweisungsbetrag $= 2.528,40 \, € : 1,19 = 2.124,71$ Euro

Nettorechnungsbetrag $= 2.580,00 \, € : 1,19 = 2.168,07$ Euro

2. Mindererlös

Mindererlös $= 2.168,07 \, € - 2.124,71 \, € = 43,36$ Euro

Ergebnis: 43,36 €

2.1.8

Über das Vermögen eines Ihrer Kunden wurde am 15. März 2010 das Insolvenzverfahren eröffnet. Ihre noch offenen Forderungen betragen 17.800,00 Euro (brutto inkl. 19 % MwSt.).

Zum Abschluss des Verfahrens im Juni 2010 überweist der Insolvenzverwalter auf diese zweifelhafte Forderung 2.670,00 Euro (brutto inkl. 19 % MwSt.).

a) Ermitteln Sie den Umsatzsteuerkorrekturbetrag.

Formeln:

$$\text{Mehrwertsteuer} = \frac{\text{Bruttorechnungsbetrag} \cdot 19\ \%}{119\ \%}$$

Umsatzsteuerkorrekturbetrag =
Mehrwertsteuer offene Forderung − Mehrwertsteuer Überweisung

Rechnung

1. Mehrwertsteuerbetrag offene Forderung

$$\text{Mehrwertsteuer} = \frac{17.800,00\ € \cdot 19\ \%}{119\ \%} = 2.842,02\ \text{Euro}$$

2. Mehrwertsteuerbetrag Überweisung

$$\text{Mehrwertsteuer} = \frac{2.670,00\ € \cdot 19\ \%}{119\ \%} = 426,30\ \text{Euro}$$

3. Umsatzsteuerkorrekturbetrag

Umsatzsteuerkorrekturbetrag = 2.842,02 € − 426,30 € = 2.415,72 Euro

Ergebnis: 2.415,72 €

b) Ermitteln Sie den erfolgswirksamen Forderungsausfall.

Formeln:

Erfolgswirksamer Forderungsausfall = offene Forderung (netto) – Überweisungsbetrag (netto) Erfolgswirksamer Forderungsausfall = $\dfrac{\text{Umsatzsteuerkorrekturbetrag} \cdot 100\,\%}{19\,\%}$

Rechnung

offene Forderung netto	= 17.800,00 € : 1,19 =	14.957,98 Euro
Überweisung netto	= 2.670,00 € : 1,19 =	2.243,70 Euro
Erfolgswirksamer Forderungsausfall =		12.714,28 Euro

Ergebnis: 12.714,28 €

2.1.9

Folgende Daten können Sie Ihrem Kontoauszug entnehmen:

1	15.03.10	15.03.10	Scholz OHG	3.773,25 H
			Rechnung vom 08.03.10	
			Abzgl. 2,5 % Skonto	

a) Ermitteln Sie den Rechnungsbetrag (brutto).

Formel:

Rechnungsbetrag = Überweisungsbetrag : 0,975

Rechnung

Rechnungsbetrag = 3.773,25 € : 0,975 = 3.870,00 Euro

Ergebnis: 3.870,00 €

b) Ermitteln Sie den Nettoskontoabzug.

Formeln:

> Skontoabzug (brutto) = Rechnungsbetrag − Überweisungsbetrag
>
> Nettoskontoabzug = Bruttoskontoabzug : 1,19

Rechnung

Skontoabzug (brutto) = 3.870,00 € − 3.773,25 € = 96,75 Euro

Skontoabzug (netto) = 96,75 € : 1,19 = 81,30 Euro

Ergebnis: 81,30 €

c) Ermitteln Sie den Umsatzsteuerkorrekturbetrag (19 % MwSt.).

Formel:

> Umsatzsteuerkorrekturbetrag = Skontoabzug (brutto) − Skontoabzug (netto)

Rechnung

Umsatzsteuerkorrekturbetrag = 96,75 € − 81,30 € = 15,45 Euro

Ergebnis: 15,45 €

2.1.10

Die Holzwurm GmbH hat Ihnen 60 neue Bürotische geliefert. Folgender Auszug aus der Rechnung liegt Ihnen vor:

Bezeichnung	Menge	Einzelpreis in €	Gesamt in €
Bürotische „Natur"	60	399,00	23.940,00
− 12 % Rabatt			2.872,80
+ Frachtkosten			678,00
			21.745,20
+ 19 % Umsatzsteuer			xxxx,xx
			xx.xxx,xx

a) Berechnen Sie den Rechnungsbetrag.

Formel:

$$\boxed{\text{Mehrwertsteuer} = \text{Nettorechnungsbetrag} \cdot 0,19}$$

Rechnung

Mehrwertsteuer = 21.745,20 € · 0,19 = 4.131,59 Euro

Rechnungsbetrag

Bezeichnung	Menge	Einzelpreis in €	Gesamt in €
Bürotische „Natur"	60	399,00	23.940,00
− 12 % Rabatt			2.872,80
+ Frachtkosten			678,00
			21.745,20
+ 19 % Umsatzsteuer			4.131,59
			25.876,79

oder

Formel:

$$\boxed{\text{Bruttorechnungsbetrag} = \text{Nettorechnungsbetrag} \cdot 1,19}$$

Rechnung

Bruttorechnungsbetrag = 21.745,20 € · 1,19 = 25.876,79 Euro

Ergebnis: 25.876,79 €

b) Berechnen Sie die Anschaffungskosten für einen Bürotisch „Natur".

Formel:

> Anschaffungskosten für einen Bürotisch = Nettorechnungsbetrag : Stückzahl

Rechnung

Anschaffungskosten für einen Bürotisch = 21.745,20 € : 60 = 362,42 Euro

Ergebnis: 362,42 €

2.2. Anschaffungskosten und Abschreibungen

Erläuterung Anschaffungskosten:

Nach § 255 (1) HGB setzen sich die Anschaffungskosten wie folgt zusammen:

Anschaffungspreis (netto)
+ Anschaffungsnebenkosten
– Anschaffungskostenminderung
= Anschaffungskosten

Die Anschaffungskosten sind immer netto zu aktivieren, die Vorsteuer zählt nicht zu den Anschaffungskosten!

Anschaffungsnebenkosten: *alle Aufwendungen, die sofort oder nachträglich anfallen, um das Anlagegut zu erwerben oder in einen betriebsbereiten Zustand zu versetzen. Dazu zählen z. B. Aufstellungs- und Montagekosten von Maschinen oder Kosten beim Erwerb eines Grundstücks wie, z. B. die Grunderwerbsteuer.*

Anschaffungskostenminderung: Zu den Anschaffungskostenminderungen zählen z. B. Rabatte und Skonti.

Zinsen: Ausgaben die der Finanzierung der Anschaffung einer Anlage, nicht aber der Anschaffung unmittelbar dienen, sind **keine** Anschaffungsnebenkosten.

Änderung 2008 Ab 2008 sind geringwertige Wirtschaftsgüter nur noch dann sofort als Betriebsausgaben abzugsfähig, wenn ihre Anschaffungs- bzw. Herstellkosten 150,00 Euro nicht übersteigen. Betragen die Anschaffungskosten mehr als 150,00 Euro und bis 1.000,00 Euro, ist ein Sammelposten zu bilden, der über 5 Jahre abgeschrieben wird.

Erläuterung Abschreibungen:

Lineare Abschreibung: jährlich gleich bleibende Abschreibungsbeträge

$$Abschreibungsbeträge = \frac{Anschaffungskosten}{betriebliche\ Nutzungsdauer}$$

Degressive Abschreibungen: Ab dem 1.1.2009, befristet bis zum 31.12.2010, wurde die degressive Abschreibung für bewegliche Wirtschaftsgüter des Anlagevermögens nach Aussetzen im Jahre 2008 wieder eingeführt, allerdings mit einem Abschreibungssatz von 25 % und höchstens dem Zweieinhalbfachen der linearen Abschreibung. Für 2011 wird ein erneutes Aussetzen der degressiven Abschreibung diskutiert. Die reaktivierte Vorschrift greift jedoch nur bei Netto-Anschaffungskosten über EUR 1.000, da ansonsten die Vorschriften zu den GWGs (bis EUR 150) und der Poolabschreibung (EUR 150,01 – 1.000) anwendbar sind.

2.2.1

Die Müllerbrot AG erwarb am 30.08.2010 einen Firmen-PKW laut der unten stehenden Rechnung:

Listenpreis:	36.500,00 Euro
Navigationssystem	1.600,00 Euro
Überführungskosten	400,00 Euro
	38.500,00 Euro
– 12 % Rabatt	4.620,00 Euro
	33.880,00 Euro
+ 19 % MwSt.	6.437,20 Euro
	40.317,20 Euro

Für die Zulassung haben Sie bei der Stadt Gebühren in Höhe von 110,00 Euro gezahlt.

a) Wie hoch sind die Anschaffungskosten des PKW?

Rechnung

Listenpreis:	36.500,00 Euro	*Anschaffungspreis*
Navigationssystem	1.600,00 Euro	*Anschaffungspreis*
Überführungskosten	400,00 Euro	*Anschaffungsnebenkosten*
	38.500,00 Euro	
– 12 % Rabatt	4.620,00 Euro	*Anschaffungskostenminderung*
	33.880,00 Euro	
Zulassungsgebühren	110,00 Euro	*Anschaffungsnebenkosten*
	33.990,00 Euro	

Ergebnis: 33.990,00 €

b) Die betriebliche Nutzungsdauer des PKW beträgt 5 Jahre. Ermitteln Sie den höchst möglichen Abschreibungsbetrag für das Jahr 2010.

Formel:

> Abschreibungsbetrag jährlich = Anschaffungskosten : betriebliche Nutzungsdauer

Rechnung

1. Linearere Abschreibung

Abschreibungsbetrag jährlich = 33.990,00 : 5 = 6.798,00 Euro

Abschreibung Monate August – Dezember* = Abschreibungsbetrag jährlich · 5/12

Abschreibung Monate August – Dezember = $\dfrac{6.798,00 \cdot 5}{12}$ = 2.832,50 Euro

2. Geometrisch degressive Abschreibung

max. Abschreibung jährlich 25 %

Abschreibungsbetrag jährlich = 33.990,00 € · 0,25 = 8.497,50 Euro

Abschreibung Monate August – Dezember = $\dfrac{8.497,50 € \cdot 5}{12}$ = 3.540,63 Euro

Ergebnis: 3.540,63 €

c) Der Wiederbeschaffungswert des PKW wird auf 42.000 Euro geschätzt. Ermitteln Sie den kalkulatorischen Abschreibungsbetrag bei linearem Abschreibungsverlauf für das Nutzungsjahr 2010.

Formel:

Kalkulatorischer Abschreibungsbetrag = Wiederbeschaffungswert : betriebliche Nutzungsdauer

Rechnung

Kalkulatorischer Abschreibungsbetrag (jährlich) = 42.000,00 : 5 = 8.400,00 Euro

Kalkulatorischer Abschreibungsbetrag 2010 = (8.400,00 : 12) · 5 = 3.500,00 Euro

Ergebnis: 3.500,00 €

2.2.2

Die Müllerbrot AG erwarb eine Maschine zur Teigherstellung. Folgende Kosten sind angefallen:

Bruttoanschaffungswert:	120.000,00 Euro
Transportkosten (brutto)	1.300,00 Euro
Montagekosten (brutto)	4.600,00 Euro

Lieferung der Maschine:　　　　　　14.09.2010

Die Rechnung wurde unter Ausnutzung von 2 % Skonto bezahlt.

a) Wie hoch sind die Anschaffungskosten der Maschine?

Formeln:

Nettoanschaffungswert = Bruttoanschaffungswert : 1,19

Skontobetrag = Anschaffungswert · 0,02

Rechnung

1. Nettoanschaffungswert

Maschine =	120.000,00 € : 1,19 =	100.840,34 Euro	*Anschaffungspreis*
+ Transport =	1.300,00 € : 1,19 =	1.092,44 Euro	*Anschaffungsnebenkosten*
+ Montage =	4.600,00 € : 1,19 =	3.865,55 Euro	*Anschaffungsnebenkosten*
Gesamt		105.798,33 Euro	
− 2 % Skonto = 105.798,33 € · 0,02 =		2.115,97 Euro	*Anschaffungskostenminderung*
Anschaffungskosten		103.682,36 Euro	

Ergebnis: 103.682,36 €

b) Wie hoch ist der Abschreibungsbetrag für das Jahr 2010, wenn die betriebliche Nutzungsdauer 10 Jahre beträgt und die Maschine linear abgeschrieben wird?

Formel:

Jährlicher Abschreibungsbetrag = Anschaffungswert : betriebliche Nutzungsdauer

Rechnung

Jährlicher Abschreibungsbetrag :   103.682,36 € : 10 = 10.368,24 Euro

Abschreibungsbetrag 2009:   (10.368,24 € : 12) · 4* =   3.456,08 Euro

Ergebnis: 3.456,08 €
*4 = 4 Monate: September, Oktober, November, Dezember

2.2.3

Die Müllerbrot AG hat 2009 einen PC für 2.100,00 Euro (brutto) erworben. Die betriebliche Nutzungsdauer beträgt 3 Jahre. Im März 2011 verkauft die Müllerbrot AG den PC.

Ermitteln Sie den anteiligen linearen Abschreibungsbetrag für das Jahr 2011.

Formeln:

> Nettoanschaffungswert = Bruttorechnungsbetrag : 1,19
>
> Abschreibungsbetrag (jährl.) = Anschaffungswert (netto) : 3

Rechnung

1. Nettoanschaffungswert

Nettoanschaffungswert = 2.100,00 € : 1,19 = 1.764,71 Euro

2. Jährlicher Abschreibungsbetrag

Jährlicher Abschreibungsbetrag = 1.764,71 € : 3 = 588,24 Euro

3. anteiliger Abschreibungsbetrag 2011

Anteilige Abschreibung für die abgelaufenen Monate Januar, Februar und März

anteiliger Abschreibungsbetrag 2011 = $\dfrac{588,24 \, € \cdot 3}{12}$ = 147,06 Euro

Ergebnis: 147,06 €

2.2.4

Die Müllerbrot AG hat in den USA eine Maschine für 89.000,00 USD (netto) erworben. Für den Transport nach Deutschland berechnet die amerikanische Spedition 2.800,00 USD (netto). Die Müllerbrot AG erhält die Rechnung am 30.11.2010.

USD-Devisenkurse für 1 EUR

Datum	Geld	Brief
30.11.2008	1,4574	1,4634
31.12.2008	1,4560	1,4474

a) Ermitteln Sie die Anschaffungskosten für die Maschine bei Rechnungseingang am 30.11.2010.

Formeln:

> Fremdwährungsbetrag in Euro = Betrag in Fremdwährung : Wechselkurs
>
> Anschaffungskosten = Anschaffungspreis + Anschaffungsnebenkosten

Rechnung

1. Umrechnung in Euro

Kurs: Geldkurs vom 30.11.2010
Anschaffungspreis in € = 89.000,00 $: 1,4574 = 61.067,65 Euro
Transport in €   = 2.800,00 $: 1,4574 = 1.921,23 Euro

2. Anschaffungskosten zum 30.11.2010

Anschaffungspreis	61.067,65 Euro
Anschaffungsnebenkosten	1.921,23 Euro
Anschaffungskosten	62.988,88 Euro

Ergebnis: 62.988,88 €

b) Ermitteln Sie den am 31.12.2010 zu passivierenden Betrag.

Rechnung

Geldkurs vom 31.12.2010 = 1,4560

Kurs: Geldkurs vom 31.12.2010
Anschaffungspreis in € = 89.000,00 $: 1,4560 = 61.126,37 Euro
Transport in €   = 2.800,00 $: 1,4560 = 1.923,08 Euro
zu passivierender Betrag   63.049,45 Euro

Ergebnis: 63.049,45 €

2.2.5

Die Müllerbrot AG hat im Januar 2008 zur Erweiterung der Lagerkapazitäten ein neues Lagergebäude für 800.000,00 Euro erworben. Der im Kaufpreis enthaltene Grundstückswert beträgt 200.000,00 Euro. Für den Erwerb ist Grundsteuer in Höhe von 3,5 % angefallen und Notarkosten in Höhe von 1.600,00 Euro (zzgl. MwSt.).

Das Lagergebäude wird linear über 30 Jahre abgeschrieben.

Hinweis: Diese Aufgabe ist ein wenig heimtückisch. Denn das Grundstück und die darauf entfallenden Kosten werden nicht in die Anschaffungskosten für das Lagergebäude mit eingerechnet und müssen daher vorher rausgerechnet werden.

a) Ermitteln Sie die Anschaffungskosten für das Lagergebäude.

Formel:

$$\text{Grundsteuer} = \text{Kaufpreis} \cdot 0{,}035$$

Rechnung

Anschaffungspreis Lagergebäude

Kaufpreis	800.000,00 Euro
– Grundstückswert	200.000,00 Euro
Anschaffungspreis	600.000,00 Euro

Der Anschaffungswert des Lagergebäudes entspricht ¾ des Kaufpreises.

Anschaffungsnebenkosten

+ Grundsteuer	Lagergebäude 600.000,00 € · 0,035 =	21.000,00 Euro
+ Notarkosten	Anteil Lagergebäude 1.600,00 € · ¾ =	1.200,00 Euro
Anschaffungsnebenkosten		22.200,00 Euro

Anschaffungskosten

Anschaffungspreis	600.000,00 Euro
+ Anschaffungsnebenkosten	22.200,00 Euro
Anschaffungskosten	622.200,00 Euro

Ergebnis: 622.200,00 €

b) Ermitteln Sie die jährlichen Abschreibungsbeträge für das Jahr 2010 für das Lagergebäude.

Formel:

$$\boxed{\text{Abschreibungsbetrag} = \text{Anschaffungswert} : \text{Nutzungsdauer}}$$

Rechnung

Abschreibungsbetrag 2010

Abschreibungsbetrag = 622.200,00 € : 30 = 20.740,00 Euro

Ergebnis: 20.740,00 €

2.3. Textaufgaben Währungsrechnung

Währung		Devisenkurse		Sortenkurse	
		Geld	Brief	Verkauf	Ankauf
USA	$	1,4574	1,4634	1,3966	1,5409
Japan	Yen	132,5400	133,0200	126,4341	140,3862
Großbrit.	((Pfund))	0,8728	0,8768	0,8363	0,9217
Schweiz	Sfr	1,5117	1,5157	1,4507	1,5965
Kanada	kan-$	1,5640	1,5774	1,4991	1,6652

Kurstabelle für die Textaufgaben 2.3.1 – 2.3.5

2.3.1

Der Einkaufleiter der Müllerbrot AG reist geschäftlich in die Schweiz und tauscht bei seiner Bank 120,00 Euro in Schweizer Franken.

Ermitteln Sie den Gegenwert in Schweizer Franken.

Formel:

Umrechnung eines Euro-Betrags in Fremdwährung = Eurobetrag · Wechselkurs

Rechnung

1. Kurs = Sortenkurs, Verkauf
2. Umrechnung = 120,00 € · 1,4507 = 174,08 Sfr

Ergebnis: 174,08 Sfr

2.3.2

Die Müllerbrot AG erhält von einem Schweizer Kunden einen Scheck über 1.296,00 Schweizer Franken. Sie reicht den Scheck bei der Bank ein und lässt sich den Gegenwert in Euro auf ihrem Konto gutschreiben.

Ermitteln Sie die Gutschrift.

Formel:

> Umrechnung eines Fremdwährungsbetrags in Euro = Fremdwährungsbetrag : Wechselkurs

Rechnung

1. Kurs = Devisenkurs, Briefkurs
2. Umrechnung = 1.296,00 Sfr : 1,5157 = 855,05 Euro

Ergebnis: 855,05 €

2.3.3

Für den Kauf einer Maschine muss die Müllerbrot AG 89.000,00 Pfund nach England überweisen. Die Bank belastet den Gegenwert dem Konto der Müllerbrot AG.

Ermitteln Sie den Gegenwert in Euro.

Formel:

> Umrechnung eines Fremdwährungsbetrags in Euro = Fremdwährungsbetrag : Wechselkurs

Rechnung

1. Kurs = Devisenkurs, Geldkurs
2. Umrechnung = 89.000,00 Pfund : 0,8728 = 101.970,66 Euro

Kontrolle: *Sollten Sie sich nicht sicher sein, ob Sie wirklich mit dem richtigen Kurs gerechnet haben, rechnen Sie zur Kontrolle einfach mal mit dem anderen Kurs, also*

89.000,00 Pfund : 0,8768 = 101.505,47 Euro

Da die Belastung beim Briefkurs geringer wäre als beim Geldkurs, können Sie sicher sein, dass Sie mit dem richtigen Kurs gerechnet haben. Denn hier gilt, es ist immer der für den Kunde schlechtere Kurs der Richtige.

Ergebnis: 101.970,66 €

2.3.4

Der Einkaufleiter der Müllerbrot AG kommt von seiner Schweiz-Reise zurück und hat noch 60,00 Schweizer Franken. Er zahlt diese bei der Bank auf das Konto der Müllerbrot AG ein.

Ermitteln Sie den Gegenwert in Euro.

Formel:

Umrechnung eines Fremdwährungsbetrags in Euro = Fremdwährungsbetrag : Wechselkurs

Rechnung

1. Kurs = Sortenkurs, Ankauf
2. Umrechnung = 60,00 Sfr : 1,5965 = 37,58 Euro

Ergebnis: 37,58 €

2.3.5

Der Einkaufleiter der Müllerbrot AG tauscht für eine USA-Reise 500,00 Euro am Bankschalter in US-Dollar. In den USA hat er insgesamt 150,00 $ ausgegeben. Auf dem Rückflug tauscht er die verbliebenen US-Dollar am Frankfurter Flughafen gegen britische Pfund, da er direkt nach England weiterreist. Dort benötigt er jedoch insgesamt nur 10,00 britische Pfund. Die restlichen Pfund zahlt er, wieder zu Hause, bei seiner Bank ein und lässt sich den Gegenwert auf seinem Konto gutschreiben.

Ermitteln Sie den Gutschriftbetrag in Euro.

Formeln:

> Umrechnung eines Fremdwährungsbetrags in Euro = Fremdwährungsbetrag : Wechselkurs
>
> Umrechnung eines Euro-Betrags in Fremdwährung = Eurobetrag · Wechselkurs

Rechnung

1. Kurs Tausch Euro/US-Dollar am Bankschalter: Sortenkurs, Verkauf
2. Umrechnung: 500,00 € · 1,3966 = 698,30 $
3. Restbetrag nach Reise = 698,30 $ – 150,00 $ = 548,30 $

4. Kurs Tausch US/Dollar/Euro: Sortenkurs, Ankauf
5. Umrechnung: 548,30 $: 1,5409 = 355,83 Euro

6. Kurs Tausch Euro/Pfund = Sortenkurs, Verkauf
7. Umrechnung: 355,83 € x 0,8363 = 297,58 Pfund

8. Restbetrag nach Reise = 297,58 Pfund – 10,00 Pfund = 287,58 Pfund

9. Kurs Tausch Pfund/Euro: Sortenkurs, Ankauf
10. Umrechnung = 287,58 Pfund : 0,9217 = 312,01 Euro

Ergebnis: 312,01 €

2.4. Zinsrechnung und Rechnungsabgrenzung

Hinweis zeitliche Abgrenzung:

Aktive Rechnungsabgrenzung: *Ausgaben vor dem Abschlussstichtag, soweit sie Aufwand für eine bestimmte Zeit nach dem Abschlussstichtag darstellen, z. B. im November gezahlte Versicherungsprämie für die Monate November, Dezember, Januar (bei Bilanzstichtag 31.12.)*

Passive Rechnungsabgrenzung: *Einnahmen vor dem Abschlussstichtag, soweit sie Ertrag für eine bestimme Zeit nach dem Abschlussstichtag darstellen, z. B. im Dezember erhaltene Pacht für die Monate Dezember, Januar, Februar (bei Bilanzstichtag 31.12.)*

Sonstige Verbindlichkeiten: *ausstehende Zahlungen, die aber am Bilanzstichtag noch nicht fällig sind, z. B. Zinsen die im Januar rückwirkend für die Monate Januar, Dezember und November belastet werden (bei Bilanzstichtag 31.12.)*

Sonstige Forderungen: *ausstehende Forderungen, die aber am Bilanzstichtag noch nicht fällig sind, z. B. Zinserträge im Januar die rückwirkend für die Monate Januar, Dezember und November gutgeschrieben werden (bei Bilanzstichtag 31.12.)*

2.4.1

Die Müllerbrot AG hat 220.000,00 Euro in eine festverzinsliche Anleihe zu 4,5 % angelegt. Am 30.09.2010 werden der Müllerbrot AG die Zinsen für den Zeitraum 30.09.2010 bis 30.03.2011 gutgeschrieben.

a) Ermitteln Sie den Zinsbetrag in Euro.

Formel:

$$Z = \frac{K \cdot t \cdot p}{100\ \% \cdot 360\ \text{Tage}}$$

Rechnung

Kapital (K):   220.000,00 Euro
Zeit (t) :   180 Tage
Zinssatz (p):   4,5 %

$$\text{Zinsen} = \frac{220.000,00\ \text{€} \cdot 180\ \text{Tage} \cdot 4,5\ \%}{100\ \% \cdot 360\ \text{Tage}} = 4.950,00\ \text{Euro}$$

Ergebnis: 4.950,00 €

b) Ermitteln Sie den abzugrenzenden Betrag.

Rechnung

Abzugrenzende Monate: Januar – März 2010 = 3 Monate

$$\text{Abzugrenzender Betrag: } \frac{4.950,00\ \text{€} \cdot 3}{6} = 2.475,00\ \text{Euro}$$

Ergebnis: 2.475,00 € (passive Rechnungsabgrenzung)

Passive Rechnungsabgrenzung, da Einnahme vor dem Abschlussstichtag, die einen Ertrag für eine bestimmte Zeit nach dem Abschlussstichtag darstellt.

2.4.2

Das Konto der Müllerbrot AG wird am 20.1.2011 wie folgt belastet:

Buchungstag	Wert		
3.2.	1.2.	Darlehen	
		Konto 300 259	
		Zinsen	4.275,00 S

Außerdem liegen Ihnen die folgenden Informationen vor:
Darlehen Konto 300 259, Zinszahlung halbjährlich rückwirkend, Zinssatz: 9,5 % p. a.
Die Rückzahlung erfolgt in einer Summe, das Darlehen ist daher tilgungsfrei gestellt.

a) Ermitteln Sie die Darlehenssumme in Euro.

Formel:

$$K = \frac{Z \cdot 100\ \% \cdot 12\ \text{Monate}}{p \cdot t}$$

$$t = \text{Monate}$$

Rechnung

Zinsen (Z) =   4.275,00 Euro
Zinssatz (p) =   9,5 % p. a.
Zeit (t) =   6 Monate

$$\text{Darlehenssumme} = \frac{4.275,00\ € \cdot 100\ \% \cdot 12\ \text{Monate}}{9,5\ \% \cdot 6\ \text{Monate}} = 90.000,00\ \text{Euro}$$

Ergebnis: 90.000,00 €

b) Ermitteln Sie den abzugrenzenden Betrag.

Rechnung

Abzugrenzende Monate: 6 Monate – Januar = 5 Monate

Abzugrenzender Betrag: $\dfrac{4.275{,}00 \,€ \cdot 5 \text{ Monate}}{6 \text{ Monate}} = 3.562{,}50$ Euro

Ergebnis: 3.562,50 €

2.4.3

Zur Überweisung eines Betrages in Höhe von 25.860,00 Euro unter Ausnutzung von Skonto müsste die Müllerbrot AG ihren Kontokorrentkredit in Höhe dieses Betrages vom 25.2. bis zum 10.3. in Anspruch nehmen. Der Kontokorrentkredit wird mit 12,5 % p. a. verzinst.

a) Ermitteln Sie die für den Kontokorrentkredit anfallenden Zinsen.

Formel:

$$Z = \frac{K \cdot t \cdot p}{100 \text{ Tage} \cdot 360 \text{ Tage}}$$

Rechnung

1. Berechnen der Zeit

Zeit = 5 + 10 = 15 Tage

2. Berechnen der Kontokorrentzinsen

Kapital (K) = 25.860,00 Euro
Zeit (t) =   15 Tage
Zinssatz (p) = 12,5 %

Kontokorrentzinsen $= \dfrac{25.860{,}00 \,€ \cdot 15 \text{ Tage} \cdot 12{,}5 \,\%}{100 \,\% \cdot 360 \text{ Tage}} = 134{,}69$ Euro

Ergebnis: 134,69 €

b) Ermitteln Sie den effektiven Skonto-Jahreszins bei folgenden Zahlungsbedingungen: „Zahlungsziel 30 Tage netto oder 2 % Skonto bei Zahlung innerhalb von 10 Tagen".

Hinweis: *Es gibt eine eigene Formel zur Errechnung des effektiven Skonto-Jahreszins und die lautet wie folgt:*

$$\text{Effektiver Skonto-Jahreszins} = \frac{\text{Skontosatz (\%)} \cdot 360 \text{ Tage}}{\text{(Zahlungsziel} - \text{Skontofrist)}}$$

An sich ist die Berechnung des Skonto-Jahreszinses eine kaufmännische Überschlagsrechnung. Es gilt zu entscheiden, ob es sich für ein Unternehmen lohnt, für die Ausnutzung von Skonto einen Kredit in Anspruch zu nehmen. Ist der Skonto-Jahreszins höher als der effektive Kredit-Jahreszins, dann lohnt es sich zur Ausnutzung von Skonto einen Kredit in Anspruch zu nehmen.

Rechnung

Skontosatz: 2 %
Zahlungsziel: 30 Tage
Skontofrist: 10 Tage

$$\text{Effektiver Skonto-Jahreszins} = \frac{2 \% \cdot 360 \text{ Tage}}{(30 - 10)} = 36{,}0 \text{ Prozent}$$

Ergebnis: 36,0 %

2.4.4

Das Debitorenkonto der Supershop AG weist die folgenden Werte auf:

Datum	Vorgang	Fälligkeitstag	Soll (€)	Haben (€)
09.01.2010	Rechnung 2345/45	08.02.2010	2.460,00	
28.03.2010	Zahlungseingang			2.460,00

Die Müllerbrot AG stellt der Supershop AG im Oktober 2010 Verzugszinsen in Rechnung (kaufmännische Zinsrechnung).

Laut § 288 BGB beträgt der Zinssatz für Rechtsgeschäfte, an denen ein Verbraucher nicht beteiligt ist, für die Entgeltforderungen acht Prozentpunkte über dem Basiszinssatz.

Der Basiszinssatz beträgt 0,12 %.

a) Ermitteln Sie die Zinstage.

Zinstage: Fälligkeit der Zahlung bis Zahlungseingang
Zinstage: 08.02.2010 – 28.03.2010 = 22 Tage + 28 Tage = 50 Tage

Ergebnis: 50 Tage

b) Ermitteln Sie den zu berechnenden Zinssatz.

Zinssatz: Basiszinssatz + 8 Prozent
Zinssatz: 0,12 % + 8 % = 8,12 Prozent

Hinweis: Der Zinssatz für Rechtsgeschäfte, an denen ein Verbraucher beteiligt ist, liegt laut § 288 BGB nur bei 5 Prozent über dem Basiszinssatz. Lesen Sie Aufgabenstellungen dieser Art in der Prüfung ganz genau! Denn die Formulierung „an denen ein Verbraucher nicht beteiligt ist" ist ein wenig irreführend.

Ergebnis: 8,12 Prozent

c) Ermitteln Sie die zu berechnenden Zinsen.

Formel:

$$Z = \frac{K \cdot t \cdot p}{100\ \% \cdot 360\ \text{Tage}}$$

Kapital (K) =   2.460,00 Euro
Zeit (t) =   50 Tage
Zinssatz (p) =   9,14 %

$$\text{Zinsen} = \frac{2.460,00\ € \cdot 50\ \text{Tage} \cdot 9,14\ \%}{100\ \% \cdot 360\ \text{Tage}} = 31,23\ \text{Euro}$$

Ergebnis: 31,23 €

2.5. Break-Even- und Deckungsbeitragsrechnung

Die Müllerbrot AG kauft eine neue Backmaschine zur Herstellung von Brötchen (Wecken, Schrippen, Semmeln). Es können 150.000 Brötchen am Tag hergestellt werden.

2.5.1

Auf der bisherigen Anlage werden rund 90.000 Brötchen am Tag hergestellt.

Fixe Kosten pro Tag: 9.000,00 Euro
Variable Kosten: 0,06 Euro
Erlös pro Stück: 0,15 Euro

a) Ermitteln Sie den Deckungsbeitrag je Brötchen.

Erläuterung: Bei der Deckungsbeitragsrechnung werden nur die variablen Kosten den Erlösen gegenüber gestellt. Die Fixkosten werden außer Acht gelassen.

Formel:

> Stückdeckungsbeitrag = Erlös pro Stück – variable Kosten pro Stück

Rechnung

Deckungsbeitrag je Brötchen = Erlös – variable Kosten
Deckungsbeitrag je Brötchen = 0,15 Euro – 0,06 Euro = 0,09 Euro

Ergebnis: 0,09 €

b) Ermitteln Sie den Gesamterlös pro Tag.

Rechnung

Gesamterlös pro Tag = Brötchen am Tag · Erlös pro Brötchen
Gesamterlös pro Tag = 90.000 € · 0,15 € = 13.500,00 Euro

Ergebnis: 13.500,00 €

c) Ermitteln Sie die Gesamtkosten pro Tag.

Rechnung

Gesamtkosten pro Tag = Fixe Kosten + (Variable Kosten · Tagesmenge)
Gesamtkosten pro Tag = 9.000 € + (0,06 € · 90.000 €) = 14.400,00 Euro

Ergebnis: 14.400,00 €

d) Ermitteln Sie den Erfolg pro Tag.

Rechnung

Erfolg pro Tag = Gesamterlös pro Tag – Gesamtkosten pro Tag
Erfolg pro Tag = 13.500,00 € – 14.400,00 € = – 900,00 Euro

Ergebnis: – 900,00 €

e) Ermitteln Sie die Menge Brötchen pro Tag, die zu einem ausgeglichenen Ergebnis führt.

Erläuterung zum Break-even-Point (Gewinnschwellenmenge):

Der Break-even-Point bezeichnet diejenige Absatzmenge, bei der die Deckungsbeiträge insgesamt gerade die Höhe der fixen Kosten erreichen. Wird diese Menge überschritten, erzielt das Unternehmen einen Betriebsgewinn.

Formel:

$$\text{Break-even-Point} = \frac{\text{Fixkosten}}{\text{Stückdeckungsbeitrag}}$$

Rechnung

Fixkosten = 9.000,00 Euro
Deckungsbeitrag pro Stück = 0,09 Euro

$$\text{Break-even-Point} = \frac{9.000,00\ €}{0,09\ €} = 100.000 \text{ Stück am Tag}$$

Ergebnis: 100.000 Stück

2.5.2

Die Müllerbrot AG hat die neue Maschine gekauft, weil sie einen Vertrag mit der Supermarktkette „Schmeckguth" geschlossen hat. Im Vertrag verpflichtet sich die Supermarktkette täglich 140.000 Brötchen abzunehmen, zu einem Preis von 0,12 Euro pro Stück.

Für die neue Maschine gestalten sich die Kosten wie folgt:

Fixe Kosten   12.000 Euro täglich
Variable Kosten   0,03 Euro pro Stück

a) Ermitteln Sie den Deckungsbeitrag je Brötchen.

Rechnung

Deckungsbeitrag = 0,12 € − 0,03 € = 0,09 Euro je Brötchen

Ergebnis: 0,09 €

b) Ermitteln Sie den Erfolg pro Tag.

Rechnung

Erfolg pro Tag = Erlöse pro Tag − Kosten pro Tag

Erlöse pro Tag = 0,12 Euro · 140.000 Stück =	16.800,00 Euro
− Kosten pro Tag = 12.000 Euro + (0,03 · 140.000) =	16.200,00 Euro
Erfolg pro Tag	600,00 Euro

Ergebnis: 600,00 €

c) Ermitteln Sie die Menge Brötchen, die unter den gegebenen Vertrags- und Kostenbedingungen zu einem ausgeglichenen Ergebnis führt.

Formel:

> Break-even-Point = Fixe Kosten : Deckungsbeitrag

Rechnung

Fixkosten = 12.000,00 Euro
Deckungsbeitrag pro Stück = 0,09 Euro

Break-even-Point = 12.000 € : 0,09 € = 133.333,33 = 133.334 Brötchen

Ergebnis: 133.334 Stück

Hinweis: *Da keine drittel Brötchen verkauft werden, müssen Sie das Ergebnis hier auf „volle" Brötchen aufrunden.*

2.5.3

Für eine Geschäftsreise nach England liegen dem Vertriebsleiter Herrn Sauerteig der Müllerbrot AG zwei Mietwagen Angebote vor.

Angebot A

Wochenpauschale:	299,00 Euro
Freie km:	350 km/pro Woche
Jeder weitere km:	0,52 Euro
Vollkasko:	3,50 Euro pro Tag

Angebot B

Tagespauschale:	55,00 Euro
Freie km:	50 km/pro Tag
Jeder weitere km:	0,43 Euro
Vollkasko:	Im Preis enthalten

a) Ermitteln Sie den Preis für das günstigere Angebot, unabhängig von den gefahrenen Kilometern, wenn Herr Sauerteig das Auto für 14 Tage benötigt.

Rechnung

Angebot A

2 · Wochenpauschale	= 2 · 299,00 €	=	598,00 Euro
+ 14 · Vollkasko	= 14 · 3,50 €	=	49,00 Euro
Gesamt			647,00 Euro

Angebot B

14 · Tagespauschale = 14 · 55,00 Euro = 770,00 Euro

Ergebnis: 647,00 €

b) Ermitteln Sie den Preis für das günstigere Angebot, wenn Herr Sauerteig durchschnittlich 120 km am Tag fährt.

Rechnung

1. Zusätzlich gefahrene Kilometer

Kilometer pro Woche = 120 km · 7 Tage = 840 km

2. Zusätzlich zu berechnende Kilometer

Angebot A = 840 km − 350 km = 490 km · 2 Wochen =980 km gesamt
Angebot B = 120 km − 50 km = 70 km · 14 Tage =980 km gesamt

Wer einen Blick für Zahlen hat, kann sich die zweite Rechnung natürlich ersparen, denn 350 km pro Woche entsprechen ja 50 km am Tag.

3. Kosten für zusätzliche Kilometer

Angebot A = 980 km · 0,52 Euro = 509,60 Euro
Angebot B = 980 km · 0,43 Euro = 421,40 Euro

4. Kosten Gesamt

Angebot A = 647,00 Euro + 509,60 Euro = 1.156,60 Euro
Angebot B = 770,00 Euro + 421,40 Euro = 1.191,40 Euro

Ergebnis: 1.156,60 €

c) Herr Sauerteig wird voraussichtlich deutlich mehr als 50 km am Tag fahren. Ermitteln Sie die zu fahrenden Kilometer (gesamt), bei denen beide Angebote gleich günstig sind.

Ich gebe zu, diese Aufgabe ist heimtückisch, da sie am leichtesten durch die Bildung einer Gleichung oder graphisch zu lösen ist.

1. Bildung der Gleichungen

Da die im Preis enthaltenen Kilometer gleich sind, haben wir diese zur Vereinfachung erst einmal weggelassen. Natürlich müssen diese noch zum erzielten Ergebnis hinzu addiert werden.

Angebot A = 647 € + (x · 0,52 €)
Angebot B = 770 € + (x · 0,43 €)

2. Aufstellen der Gleichung

$647 + (x \cdot 0,52) = 770 + (x \cdot 0,43)$
$x \cdot 0,52 - x \cdot 0,43 = 770 - 647$
$x (0,52 - 0,43) = 123$
$x = \dfrac{123}{0,09}$
$x = 1.366,67$ km

3. Kilometerzahl zu der beide Angebote das gleiche kosten

1.366,67 km + 700 km = 2.066,67 km

Ergebnis: 2.066,67 km

Hinweis: *Fährt Herr Sauerteig 2.066,67 Kilometer sind beide Angebote gleich teuer bzw. günstig. Bis 2.066,00 Kilometer ist das Angebot A günstiger, ab 2.067 km ist das Angebot B günstiger.*

2.6. Kalkulation

2.6.1

Die Supermarktkette Smartshop bestellt bei der Müllerback AG die folgenden Mengen Brot.

Sorte	Stückpreis in €	Menge in Stück
Braunback kräftig	0,55	500
5xKorn	0,60	350
Das milde Weiße	0,45	600
Singlebrot	0,25	250

Die Müllerback AG gewährt einen Kundenrabatt von 5 %. Die Rechnung wird von der Supermarktkette unter Abzug von 2 % Skonto bezahlt.

a) Wie hoch ist der Betrag, den Smartshop an die Müllerback AG überweist (Lebensmittel = 7 % MwSt.)?

Rechnung

Sorte	Stückpreis in €	Menge in Stück		Preis gesamt (netto)
Braunback kräftig	0,55	500		275,00 Euro
5xKorn	0,60	350		210,00 Euro
Das milde Weiße	0,45	600		270,00 Euro
Singlebrot	0,25	250		62,50 Euro
Listenpreis netto				817,50 Euro
– Rabatt			5 %	40,88 Euro
Nettoverkaufspreis				776,62 Euro
+ MwSt.			7 %	54,36 Euro
Gesamt brutto				830,98 Euro
– abzgl. Skonto			2 %	16,62 Euro
Überweisungsbetrag				814,36 Euro

Ergebnis: 814,36 €

Smartshop rechnet mit einem Bezugs- und Handlungskostenzuschlag von 25 Prozent sowie einem Gewinn von 13 Prozent. Zwar gewährt Smartshop keine Rabatte, da aber immer mehr Kunden mit electronic cash bezahlen, berechnet Smartshop 2 % für Zinsverluste und Handlungskosten.

b) Wie viel kostet ein Brot der Sorte „Das milde Weiße" den Kunden von Smartshop, wenn alle Preise von Smartshop auf volle 5 Cent aufgerundet werden?

Rechnung

Listenpreis netto	270,00 Euro
– Lieferrabatt 5 %	13,50 Euro
Zieleinkaufspreis	256,50 Euro
– Lieferskonto 2 %	5,13 Euro
Bareinkaufspreis	251,37 Euro
+ Bezugskosten 25 %	62,84 Euro
Selbstkostenpreis	314,21 Euro
+ Gewinn 13 %	40,85 Euro
Barverkaufspreis	355,06 Euro
+ Zinsverlust 2 %	7,10 Euro
Nettoverkaufspreis	362,16 Euro
+ Mehrwertsteuer 7 %	25,35 Euro
Bruttoverkaufspreis	387,51 Euro

Bruttoverkaufspreis pro Stück = 387,51 € : 600 = 0,65 Euro

Ergebnis: 0,65 €

2.6.2

Für die Herstellung des „Superwuschel", des neusten Schmusetiers von Play&Love, entstehen die folgenden Kosten und Zuschlagsätze:

Fertigungsmaterial 8,50 €, Materialgemeinkostenzuschlag 5 %, Fertigungslöhne 14,50 €, Fertigungsgemeinkosten 120 %, Verwaltungsgemeinkostenzuschlag 5 %, Vertriebsgemeinkostenzuschlag 5 %, Gewinnzuschlag 15 %, Kundenskonto 2,5 %, Kundenrabatt 10 %.

Wie viel Euro beträgt der Listenverkaufspreis (netto)?

Fertigungsmaterial		8,50 €	
+ Materialgemeinkosten	8,50 € · 0,05 =	0,43 €	
= Materialkosten	8,50 € + 0,43 € =	8,93 €	8,93 €
Fertigungslöhne		14,50 €	
+ Fertigungsgemeinkosten	14,50 € · 1,2 =	17,40 €	
= Fertigungskosten	14,50 € + 17,40 € =	31,90 €	31,90 €
= Herstellkosten	8,93 € + 31,90 € =		40,83 €
+ Verwaltungsgemeinkosten	40,83 € · 0,05 =		2,04 €
+ Vertriebsgemeinkosten	40,83 € · 0,05 =		2,04 €
= Selbstkosten	40,83 € + 2,04 € + 2,04 € =		44,91 €
+ Gewinn	44,91 € · 0,15 =		6,74 €
= Barverkaufspreis	44,91 € + 6,74 € =		51,65 €
+ Kundenskonto	2. 52,97 € · 0,025 =		1,32 €
= Zielverkaufspreis	1. 51,65 € : 0,975 =		52,97 €
+ Kundenrabatte	58,86 € · 0,1 =		5,89 €
= Listenverkaufspreis netto	52,97 € : 0,9 =		58,86 €

Ergebnis: 58,86 €

2.6.3

Die Metafix AG hat ein neues, sensationelles Küchengerät entwickelt, den Speedy-Multifix. Laut Vorkalkulation fallen die unten stehenden Kosten und Zuschlagsätze an.

Zu welchem Listenverkaufspreis (netto) sollte der Speedy-Multifix angeboten werden, wenn die Metafix AG einen Gewinn von 16,00 Euro pro Gerät erzielen möchte?

Fertigung

Fertigungsmaterial 15,90 €
Fertigungslöhne 36,80 €
Materialgemeinkostenzuschlag 18 %
Fertigungsgemeinkosten 160 %
Sondereinzelkosten der Fertigung 2,20 €

Vertrieb und Verwaltung

Verwaltungsgemeinkostenzuschlag 10 %
Vertriebsgemeinkostenzuschlag 8 %
Sondereinzelkosten des Vertriebs 1,70 €
Kundenskonto 2 %
Kundenrabatt 12,5 %

Fertigungsmaterial		15,90 €	
+ Materialgemeinkosten	15,90 € · 0,18 =	2,86 €	
= Materialkosten	15,90 € + 2,86 =	18,76 €	18,76 €
Fertigungslöhne		36,80 €	
+ Fertigungsgemeinkosten	36,80 € · 1,6 =	58,88 €	
+ Sondereinzelkosten der Fertigung		2,20 €	
= Fertigungskosten	36,80 € + 58,88 € + 2,20 € =	97,88 €	97,88 €
= Herstellkosten	18,76 € + 97,88 € =		116,64 €
+ Verwaltungsgemeinkosten	116,64 € · 0,1 =		11,66 €
+ Vertriebsgemeinkosten	116,64 € · 0,08 =		9,33 €
+ Sondereinzelkosten des Vertriebs			1,70 €
= Selbstkosten	116,64 € + 11,66 € + 9,33 € + 1,70 € =		139,33 €
+ Gewinn			16,00 €
= Barverkaufspreis	139,33 € + 16,00 € =		155,33 €
+ Kundenskonto	2. 158,50 € · 0,02 =		3,17 €
= Zielverkaufspreis	1. 155,33 € : 0,98 =		158,50 €
+ Kundenrabatte	2. 181,14 € · 0,125 =		22,64 €
= Listenverkaufspreis netto	1. 158,50 € : 0,875 =		181,14 €

Ergebnis: 181,14 €

Textaufgaben

2.6.4

Trotz hervorragender Produkteigenschaften entspricht der Umsatz des Speedy-Multifix nicht den Erwartungen der Metafix Geschäftsleitung. Die Geschäftsleitung vermutet, dass die Ursache im zu hohen Verkaufspreis liegt. Erneute Kalkulationen und günstigere Einkaufsbedingungen lassen es zu, dass die Herstellkosten um 15 % gesenkt werden können.

Welchen Gewinn erzielt die Metafix AG, wenn die Vertriebs- und Verwaltungskostenzuschläge unverändert bleiben und der Netto-Listenpreis auf 150,00 Euro gesenkt wird?

Fertigung (Kosten vor Kürzung um 15 %)
Fertigungsmaterial 15,90 €
Fertigungslöhne 36,80 €
Materialgemeinkostenzuschlag 18 %
Fertigungsgemeinkosten 160 %
Sondereinzelkosten der Fertigung 2,20 €

Vertrieb und Verwaltung
Verwaltungsgemeinkostenzuschlag 10 %
Vertriebsgemeinkostenzuschlag 8 %
Sondereinzelkosten des Vertriebs 1,70 €
Kundenskonto 2 %
Kundenrabatt 12,5 %

Fertigungsmaterial	15,90 €	
+ Materialgemeinkosten 18 %	15,90 € · 0,18 = 2,86 €	
= Materialkosten	15,90 € + 2,86 € = 18,76 €	18,76 €
Fertigungslöhne	36,80 €	
+ Fertigungsgemeinkosten 160 %	36,80 € · 1,6 = 58,88 €	
+ Sondereinzelkosten der Fertigung	2,20 €	
= Fertigungskosten	36,80 € + 58,88 € + 2,20 € = 97,88 €	97,88 €
= Herstellkosten (alt)	18,76 € + 97,88 € =	116,64 €
Herstellkosten (neu)	116,64 € · 0,85 =	99,14 €
+ Verwaltungsgemeinkosten 10 %	99,14 € · 0,1 =	9,91 €
+ Vertriebsgemeinkosten 8 %	99,14 € · 0,08 =	7,93 €
+ Sondereinzelkosten des Vertriebs		1,70 €
= Selbstkosten	99,14 € + 9,91 € + 7,93 € + 1,70 € =	118,68 €
+ Gewinn	128,62 € − 118,68 € =	9,94 €
= Barverkaufspreis	4. 131,25 € − 2,63 € =	128,62 €
+ Kundenskonto 2 %	3. 131,25 € · 0,02 =	2,63 €
= Zielverkaufspreis	2. 150,00 € − 18,75 € =	131,25 €
+ Kundenrabatte 12,5 %	1. 150,00 € · 0,125 =	18,75 €
= Listenverkaufspreis netto	(131,25 € : 0,875) =	150,00 €

Ergebnis: 9,94 €

2.6.5

Für eine große Discounter-Kette soll die Metafix AG eine eigene Version des Speedy-Multifix produzieren. Für den „Schnellen Alleskönner" wird ein Listenverkaufspreis von 98,00 Euro vereinbart.

Welchen Preis kann der Produktionsleiter für die Fertigungsmaterialien ansetzen?

Fertigung
Materialgemeinkostenzuschlag 18 %
Fertigungslöhne 32,80 €
Fertigungsgemeinkosten 120 %

Vertrieb und Verwaltung
Verwaltungsgemeinkostenzuschlag 5 %
Kundenskonto 2 %
Gewinn 3 %

Fertigungsmaterial	1. 16,64 € : 1,18 = 14,10 €	
+ Materialgemeinkosten 18 %	2. 14,10 € · 0,18 = 2,54 €	
= Materialkosten	88,80 € – 72,16 € = 16,64 €	16,64 €
Fertigungslöhne	32,80 €	
+ Fertigungsgemeinkosten 120 %	32,80 € · 1,2 = 39,36 €	
= Fertigungskosten	32,80 € + 39,36 € = 72,16 €	72,16 €
Herstellkosten	1. 93,24 € : 1,05 = 88,80 €	88,80 €
+ Verwaltungsgemeinkosten 5 %	2. 88,80 € · 0,05 =	4,44 €
= Selbstkosten	1. 96,04 € : 1,03 =	93,24 €
+ Gewinn 3 %	2. 93,24 € · 0,03 =	2,80 €
= Barverkaufspreis	98,00 € – 1,96 € =	96,04 €
+ Kundenskonto 2 %	98,00 € · 0,02 =	1,96 €
= Listenverkaufspreis netto		98,00 €

Ergebnis: 14,10 €

3. Rechenaufgaben zu Belegen

3.1 Aufgabe zum Beleg „FastPrint" (siehe nächste Seite)

Die Müllerbrot AG hat bei der Firma FastPrint 77.000 Sales-Folder „Gesund leben mit Brot" drucken lassen. Am 15.3.2010 werden die Sales-Folder geliefert.

Die Müllerbrot AG stellt fest, dass die Sales-Folder statt zweifach vierfach gelocht sind. Da ein Neudruck aus Termingründen nicht in Frage kommt, vereinbart sie mit dem Drucker einen Rabatt von 15 Prozent auf den Preis der Sales-Folder (nicht auf die Belichtungen).

a) Über wie viel Euro lautet der Nettorechnungsbetrag nach Abzug des Rabatts?

1. Nettorechnungsbetrag (nach Rabattabzug) Drucke

verminderter Rechnungsbetrag = Bruttorechnungsbetrag · 0,85
verminderter Rechnungsbetrag = 24.693,90 € · 0,85 = 20.989,82 Euro

2. verminderter Rechnungsbetrag Gesamt

Gesamtbetrag (netto) = Drucke + Belichtungen
Gesamtbetrag (netto) = 20.989,82 € + 125,20 € = 21.115,02 Euro

Ergebnis: 21.115,02 €

b) Über wie viel Euro lautet der Bruttorechnungsbetrag nach Abzug des Rabatts?

Bruttorechnungsbetrag = verminderter Rechnungsbetrag (netto) · 1,19
Bruttorechnungsbetrag = 21.115,02 € · 1,19 = 25.126,87 Euro

Ergebnis: 25.126,87 €

DRUCKEREI FASTPRINT
Ihr Partner für hochwertigen Druck

Müllerstr. 27
30040 Mühldorf

Müllerbrot AG
Meisterstr. 29
30041 Mühldorf

Fu   010-1110-27   10-03-15

Rechnung 15-03-10

Sales-Folder „Gesund leben mit Brot"

Druckziffer:	1996-223
Format:	40,0 cm x 29,7 cm
Druck:	4/4 farbig
Verarbeitung	Falz auf A4, am linken Rand zweifach gelocht

Lieferdatum: 15.03.2010

Stück:	**77.000**	o/oo 320,70	**24.693,90EUR**
	2 Belichtungen		**125,20 EUR**
	Nettobetrag		24.819,10 EUR
	19 % MwSt.:		4.715,63 EUR
	Gesamtbetrag		**29.534,73 EUR**

Zahlungsbedingungen:
Zahlung innerhalb von 10 Tagen ab Rechnungsdatum: 2 % Skonto
Zahlung innerhalb von 30 Tagen ab Rechnungsdatum: netto Kasse

FastPrint GmbH   Stadt-Sparkasse Mühldorf   UST-Nr. 128 5000 3222 122
Inhaber: Willi Hoffer   BLZ 300 500 764
Registergericht Mühldorf   Konto 1111
HRA 1000

Zur Ausnutzung des Skontos müsste die Müllerbrot AG ihren Kontokorrentkredit in Höhe des Überweisungsbetrags für 10 Tage in Anspruch nehmen. Der Kontokorrentkredit der Müllerbrot AG wird mit 9,5 % p. a. verzinst.

c) Wie viel Euro würde die Müllerbrot AG der Kontokorrentkredit für 10 Tage kosten?

Rechnung

Überweisungsbetrag = 25.126,87 € · 0,98 = 24.624,33 Euro

$$Z = \frac{K \cdot t \cdot p}{100 \cdot 360} = \frac{24.624,33 \ € \cdot 10 \ \text{Tage} \cdot 9,5 \ \%}{100 \ \% \cdot 360 \ \text{Tage}} = 64,98 \ \text{Euro}$$

Ergebnis: 64,98 €

d) Wie hoch ist der effektive Skontojahreszins?

$$\text{effektiver Skontojahreszins} = \frac{\text{Skontosatz} \cdot 360 \ \text{Tage}}{(\text{Zahlungsziel} - \text{Skontofrist})} = \frac{2 \ \% \cdot 360 \ \text{Tage}}{(30 - 10)} = 36,0 \ \%$$

Ergebnis: 36 %

Die Müllerbrot AG überweist die Rechnung am 24.3.2010 unter Ausnutzung von Skonto

e) Ermitteln Sie den Überweisungsbetrag.

Überweisungsbetrag = Bruttorechnungsbetrag · 0,98 = 25.126,87 € · 0,98 = 24.624,33 Euro

Ergebnis: 24.624,33 €

f) Ermitteln Sie den Umsatzsteuerkorrekturbetrag für die ursprünglich am 15. März 2010 ausgestellte Rechnung.

Umsatzsteuerkorrekturbetrag = Mehrwertsteuerbetrag (neu) − Mehrwertsteuerbetrag (alt)

$$\text{Mehrwertsteuerbetrag (neu)} = \frac{24.624,33 \text{ €} \cdot 19 \text{ \%}}{119 \text{ \%}} = 3.931,62 \text{ Euro}$$

Umsatzsteuerkorrekturbetrag = 4.715,63 € − 3.931,62 € = 784,01 Euro

Ergebnis: 784,01 €

3.2 Aufgabe zu Beleg „Living Art" (siehe nächste Seite)

Die Müllerbrot AG hat bei der Firma „Living Art" insgesamt 4 Bürostühle gekauft. Am 15. März 2010 erhält die Müllerbrot AG die Rechnung über den Bürostuhlkauf. Leider ist die Rechnung nass geworden und einige Beträge sind daher nicht mehr lesbar.

a) Ermitteln Sie den Rabatt-Betrag in Euro.

Rabattbetrag = 1.696,00 € · 0,05 = 84,80 Euro

Ergebnis: 84,80 €

b) Ermitteln Sie die ausgewiesene Umsatzsteuer in Euro.

Mehrwertsteuerbetrag = 1.731,20 € · 0,19 = 328,93 Euro

oder:

2.060,13 € − 1.731,20 € = 328,93 Euro

Ergebnis: 328,93 €

Living Art AG

Living Art AG   Postfach 30000   1000 Berlin

Müllerbrot AG
Meisterstr. 29
30041 Mühldorf

KI   030 3330-33   10-03-15

Rechnung 5523

Bezeichnung	Menge	Einzelpreis	Gesamt in EUR
Bürostuhl „Sabin"	3	299,00	897,00
Bürostuhl „The Chief"	1	799,00	799,00
			1.696,00
- 5 % Rabatt			xx,xx
+ Frachtkosten			120,00
			1.731,20
+ 19 % Umsatzsteuer			xxx,xx
			2.060,13

Zahlungsbedingungen:
Zahlung innerhalb von 14 Tagen ab Rechnungsdatum: 2,5 % Skonto
Zahlung innerhalb von 30 Tagen ab Rechnungsdatum: netto Kasse

Inhaber: Lisa Modus   Money Bank Berlin   UST-Nr. 13700805
Amtsgericht Charlottenburg   BLZ 100 000 99
HRB 0001   Kto. Nr. 111999

Am 17. März 2010 überweist die Müllerbrot AG den Rechnungsbetrag abzüglich Skonto.

c) Ermitteln Sie den Überweisungsbetrag.

Überweisungsbetrag = 2.060,13 € · 0,975 = 2.008,63 Euro

Ergebnis: 2.008,63 €

d) Ermitteln Sie den Umsatzsteuerkorrekturbetrag.

$$\text{Umsatzsteuer neu} = \frac{2.008,63 \text{ € } \cdot 19 \text{ \%}}{119 \text{ \%}} = 320,71 \text{ Euro}$$

Umsatzsteuerkorrekturbetrag = 328,93 − 320,71 = 8,22 Euro

Ergebnis: 8,22 €

e) Ermitteln Sie die Anschaffungskosten für einen Bürostuhl „Sabin".

Anschaffungspreis	299,00 Euro	
− 5 % Rabatt	14,95 Euro	
+ Frachtkosten	30,00 Euro	(anteilig 120,00 € : 4 = 30,00 €)
Gesamt	314,05 Euro	
− 2,5 % Skonto	7,85 Euro	
Anschaffungskosten	306,20 Euro	

Ergebnis: 306,20 €

Der Müllerbrot AG gefällt der Bezug des Bürostuhls „The Chief" überhaupt nicht. Daher schickt sie den Bürostuhl am 28. März wieder zurück. Da die Müllerbrot AG die Rechnung bereits bezahlt hat, erhält sie eine Gutschrift von der Firma „Living Art".

f) Ermitteln Sie den Nettogutschriftsbetrag.

Anschaffungspreis Bürostuhl	799,00 Euro
– 5 % Rabatt	39,95 Euro
	759,05 Euro
– 2,5 % Skonto	18,98 Euro
Gutschrift (netto)	740,07 Euro

Ergebnis: 740,07 €

g) Ermitteln Sie die in der Gutschrift ausgewiesene Mehrwertsteuer.

Mehrwertsteuerbetrag = 740,07 € · 0,19 = 140,61 Euro

Ergebnis: 140,61 €

3.3 Aufgabe zu Beleg „U-Form" (siehe nächste Seite)

Sabine Schlaumeier hat beim U-Form-Verlag verschiedene Unterlagen (laut Beleg) bestellt. Der in der Rechnung aufgeführte Aufgabensatz sowie die Arbeitsmappe unterliegen dem ermäßigten Steuersatz.

Ermitteln Sie den Gesamt-Mehrwertsteuerbetrag der ausgewiesenen Warenwerte (ohne Versandkosten) für

a) 7 % Mehrwertsteuer.

Gesamtbetrag = 3,10 € + 30,90 € + 18,00 € + 35,70 € + 4,00 € = 91,70 Euro

$$\text{Mehrwertsteuerbetrag} = \frac{91,70 \ € \cdot 7 \ \%}{107 \ \%} = 6,00 \ \text{Euro}$$

Ergebnis: 6,00 €

b) 19 % Mehrwertsteuer

$$\text{Mehrwertsteuerbetrag} = \frac{37,40 \ € \cdot 19 \ \%}{119 \ \%} = 5,97 \ \text{Euro}$$

Ergebnis: 5,97 €

Die Mehrwertsteuer für die Versandkosten wird anteilsmäßig berechnet. Der Anteil, der auf Waren mit 19 % Mehrwertsteuer entfällt, wird mit 19 % versteuert, der Anteil, der auf Waren mit 7 % Mehrwertsteuer entfällt, wird mit 7 % versteuert.

c) Ermitteln Sie den Mehrwertsteuerbetrag, der auf die Versandkosten entfällt.

Anteilsberechnung: 91,70 € + 37,40 € = 129,10 Euro (Gesamtwert)
Anteil 19 % = (37,40 € : 129,10 €) · 100 % = 28,97 %
Anteil   7 % = 100 % − 28,97 % = 71,03 %

Versandkosten netto 5,23 Euro
Anteil 19 % = 5,23 € · 0,2897 = 1,52 Euro
Mehrwertsteuerbetrag 19 % = 1,52 € · 0,19 = 0,29 Euro

Bitte bei Zahlung angeben:

Kunden-Nr.: 124474

Beleg-Nr.: 768420

1

U-Form-Verlag
Herm. Ullrich (GmbH & Co) KG
Cronenberger Str. 58 ■ 42651 Solingen
Tel. 0212 22207-0 ■ Fax 0212 208963
uform@u-form.de ■ www.u-form.de

Beleg- und
Lieferdatum: 07.10.10 A91/835715

U-Form-Verlag ■ Herm. Ullrich (GmbH & Co) KG ■ Cronenberger Str. 58 ■ 42651 Solingen

Lieferanschrift:

Sabine Schlaumeier
Blumenstr. 10
80331 München

Menge	Best.-Nr.	Bezeichnung	SH	RECHNUNG/LS Listen- preis €	Rabatt %	Stück- preis €	*W* Gesamt- preis €	1 = 7 % MwSt. 2 = 19 % MwSt.
		INTERNET 06.10.2010						
1	1400	PRÜFK. ZP/Industriekaufmann		3,10		3,10	3,10	1
1	204	INDUSTRIEKFM. Lernsoftware AP		37,40		37,40	37,40	2
1	215	Industriekfm./Prüfungspaket ZP		30,90		30,90	30,90	1
		(605,4600,971)						
3	971	Das clevere Formelheftchen		6,00		6,00	18,00	1
3	973	Der clevere Formel-Trainer		11,90		11,90	35,70	1
4	1805	Rechnen fürs Federmäppchen		1,00		1,00	4,00	1

Versandspesen 5,23 + Mwst

Versandart	Warenwert netto 7 %	Gesamt netto 7 %	MWSt- Betrag 7 %	Warenwert netto 19 %	Gesamt netto 19 %	MWSt- Betrag 19 %	Gesamtbetrag €
Paket							

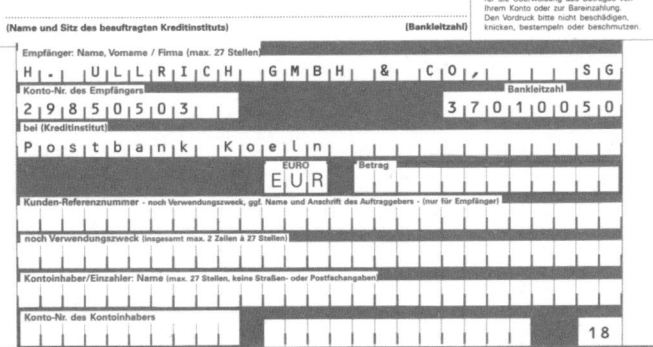

Überweisungsauftrag / Zahlschein

(Name und Sitz des beauftragten Kreditinstituts) | (Bankleitzahl)

Benutzen Sie bitte diesen Vordruck für die Überweisung des Betrages von Ihrem Konto oder zur Bareinzahlung. Den Vordruck bitte nicht beschädigen, knicken, bestempeln oder beschmutzen.

Empfänger: Name, Vorname / Firma (max. 27 Stellen)

H . U L L R I C H G M B H & C O , S G

Konto-Nr. des Empfängers | Bankleitzahl

2 9 8 5 0 5 0 3 | 3 7 0 1 0 0 5 0

bei (Kreditinstitut)

P o s t b a n k K o e l n

EURO | Betrag
E U R

Kunden-Referenznummer - noch Verwendungszweck, ggf. Name und Anschrift des Auftraggebers - (nur für Empfänger)

noch Verwendungszweck (insgesamt max. 2 Zeilen à 27 Stellen)

Kontoinhaber/Einzahler: Name (max. 27 Stellen, keine Straßen- oder Postfachangaben)

Konto-Nr. des Kontoinhabers

18

Datum Unterschrift

Umsatzsteuer-Nr.
128 5B42 0322
USt-IDNr. DE 120 877 156

Hermann Ullrich
(GmbH & Co) KG
Amtsgericht Wuppertal
HRA 19374

Persönlich haftend:
Ullrich Druck und
Verlag GmbH, Solingen
HRB 14846

Amtsgericht Wuppertal
Geschäftsführer:
Eduard Ullrich
Felicia Ullrich

Deutsche Bank AG Solingen
(BLZ 342 700 94)
Konto 0 116 889

Postbank Köln
(BLZ 370 100 50)
Konto 298 50 503
IBAN DE22 3701 0050 0029 8505 03
BIC PBNKDEFF

Anteil 7 % = 5,23 € · 0,7103 = 3,71 Euro
Mehrwertsteuerbetrag = 3,71 € · 0,07 = 0,26 Euro

Mehrwertsteuer Versandkosten gesamt = 0,29 € + 0,26 € = 0,55 Euro

Ergebnis: 0,55 €

Am 17.10.2010 bezahlt Frau Schlaumeier die Rechnung abzüglich 2 Prozent Skonto.

d) Ermitteln Sie den Umsatzsteuerkorrekturbetrag zu diesem Zahlungseingang.

Bruttorechnungsbetrag = 91,70 € + 37,40 € + 5,23 € + 0,55 € = 134,88 Euro
Skontobetrag = 134,88 € · 0,02 = 2,70 Euro (brutto!)

Anteil 19 % = 2,70 € · 0,2897 = 0,78 Euro
$$\text{Mehrwertsteuerbetrag} = \frac{0,78\ € · 19\ \%}{119\ \%} = 0,12\text{ Euro}$$

Anteil 7 % = 2,70 € · 0,7103 = 1,92 Euro
$$\text{Mehrwertsteuerbetrag} = \frac{1,92\ € · 7\ \%}{107\ \%} = 0,13\text{ Euro}$$

Mehrwertsteuer Anteil Gesamt = 0,12 € + 0,13 € = 0,25 Euro

Umsatzsteuerkorrekturbetrag = 0,25 € · 0,02 = 0,005 Euro

Ergebnis: 0 €

Hinweis: *Da der Umsatzsteuerkorrekturbetrag kleiner als 1 Cent ist, wird keine Umsatzsteuerkorrektur vorgenommen.*

Erst am 23.11.2010 stellt Frau Schlaumeier fest, dass ihr PC überhaupt kein CD-ROM-Laufwerk besitzt und sie die Lernsoftware so nicht verwenden kann. Sie schickt die CD-ROM unfrei zurück und bittet um Gutschrift. Der U-Form-Verlag nimmt die Lernsoftware aus Kulanz zurück, berechnet Frau Schlaumeier aber Kosten für die unfreie Lieferung in Höhe von 12,00 Euro.

e) Über wie viel Euro lautet die Gutschrift?

Gutschrift = Rechnungsbetrag – Skonto – Kosten für unfreie Lieferung
Gutschrift = 37,40 € – 2,70 € – 12,00 € = 22,70 Euro

Ergebnis: 22,70 €

Der clevere Rechentrainer

Bruchrechnen, Flächenberechnung, Prozentrechnen – lang, lang ist´s her? Wie war das noch genau, mit der Berechnung des Flächeninhaltes eines Kreises?

Rechnen, für viele Azubis immer wieder ein Stolperstein auf dem Weg zur erfolgreichen Zwischen- oder Abschlussprüfung. Oftmals scheitert es schon an den grundlegenden Rechenarten – von komplexen Rechenaufgaben ganz zu schweigen.

Um die Prüfung trotzdem erfolgreich zu bestehen, bedarf es eines guten Trainers – dem cleveren Rechentrainer. Der Rechentrainer dient zur Auffrischung und Festigung der in der Schule erworbenen mathematischen Grundkenntnisse.

Leicht verständliche Erklärungen, viele Beispiele und Tipps helfen Ihnen eventuelle Schwierigkeiten bei den verschiedenen Rechenarten zu beheben und das Rechnen zu trainieren. Einen wesentlichen Schwerpunkt bildet auch die Arbeit mit Textaufgaben, die erfahrungsgemäß vielen Auszubildenden schwer fallen.

Im Lösungsteil werden die Rechenwege ausführlich erläutert und praktische Eselsbrücken gegeben.

Arbeitsbuch mit vielen Rechenaufgaben zu allen Grundrechenarten

Best.-Nr. 974
Preis 12,80 €

Bürokaufmann/Bürokauffrau

Prüfungstrainer Zwischenprüfung

Best.-Nr. 03
Preis 22,50 €

Prüfungstrainer Abschlussprüfung Bürowirtschaft, WiSo

Best.-Nr. 30
Preis 25,50 €

Prüfungstrainer Abschlussprüfung Rechnungswesen

Best.-Nr. 31
Preis 25,50 €

Kaufmann/Kauffrau für Bürokommunikation

Prüfungstrainer Zwischenprüfung

Best.-Nr. 01
Preis 22,50 €

Prüfungstrainer Abschlussprüfung Bürowirtschaft, WiSo

Best.-Nr. 230
Preis 25,50 €

Prüfungstrainer Abschlussprüfung Betriebslehre

Best.-Nr. 231
Preis 25,50 €

Kaufmann/Kauffrau im Groß- und Außenhandel

**Prüfungstrainer
Zwischenprüfung**

Best.-Nr. 421
Preis 22,90 €

**Prüfungstrainer
Abschlussprüfung
Großhandelsgeschäfte**

Best.-Nr. 422
Preis 23,50 €

**Prüfungstrainer
Abschlussprüfung
Kfm. Steuerung und
Kontrolle, Organisation**

Best.-Nr. 423
Preis 23,50 €

Industriekaufmann/Industriekauffrau

**Prüfungstrainer
Zwischenprüfung**

Best.-Nr. 605
Preis 22,50 €

**Prüfungstrainer
Abschlussprüfung
Kaufmännische
Steuerung und
Kontrolle**

Best.-Nr. 608
Preis 23,90 €

**Prüfungstrainer
Abschlussprüfung
Geschäftsprozesse**

Best.-Nr. 609
Preis 23,90 €